L'ÉTAT

DES FINANCES DE 1523

PAR

M. ROGER DOUCET

(Extrait du *Bulletin philologique et historique* [*jusqu'à 1715*], 1920)

PARIS

IMPRIMERIE NATIONALE

AUGUSTE PICARD, ÉDITEUR

RUE BONAPARTE, 82. PARIS VIe

MDCCCCXXIII

L'ÉTAT

DES FINANCES DE 1523.

I

Pendant les règnes de Charles VIII et de Louis XII, la vie des Etats de l'Europe occidentale s'était transformée : des intérêts nouveaux et des ambitions plus vastes avaient accru son activité en suscitant des rivalités plus âpres. Comme les autres, la France agissait par sa diplomatie et ses armées en dehors de ses frontières, à l'intérieur desquelles elle s'était jusqu'alors renfermée.

Ce développement de son activité devait avoir sa répercussion sur la situation financière : les ressources du royaume, bien qu'augmentées par les réformes de Charles VII, ne pouvaient plus suffire aux besoins de cette politique coûteuse, et les premières guerres d'Italie provoquèrent des crises auxquelles les années de paix purent difficilement remédier.

Depuis 1515, avec l'activité grandissante de François Ier et le début de la lutte contre Charles-Quint, ces difficultés ne pouvaient que croître : elles aboutissaient, en 1523, à une crise plus grave que les précédentes, qui imposa l'obligation de recourir à des expédients de toutes sortes et de réorganiser l'administration financière, mesures dont les conséquences politiques s'imposent à notre attention.

Nous devons remonter aux événements des années qui ont précédé cette crise, pour en rechercher les causes et faire ressortir l'accroissement constant des charges et du déficit.

Après 1516, plusieurs années de négociations diplomatiques, qui préludaient à de nouveaux conflits, n'avaient pas rétabli la situation compromise par les guerres précédentes : on vivait toujours d'emprunts et d'expédients, crues de taille et aliénations du domaine royal, bien que, depuis le traité de Noyon, on ait pu se donner une illusion de prospérité en mettant en réserve les 100,000 écus annuels de la pension de Naples payée par le roi d'Espagne [1].

En 1519, les dépenses s'accroissaient encore avec l'élection impériale, qui coûtait 400,000 écus et nécessitait un emprunt de 360,000 écus fournis par les banquiers italiens de Londres.

En 1520, on commençait les préparatifs de la guerre contre Charles-Quint, désormais imminente, tandis que l'entrevue du Camp du drap d'or coûtait plus de 200,000 livres. On y pourvut par une crue de taille de 400,000 livres, par les droits d'amortissement levés sur le clergé et par des emprunts contractés chez les prêteurs habituels : 200,000 livres chez les banquiers lyonnais, 150,000 livres à Gadaigne et à Nazy, 200,000 livres à Londres, chez Salviati et Corsi, dont le prêt total atteignait ainsi 462,000 écus, somme pour laquelle les généraux des finances souscrivaient une obligation au mois de décembre 1520. La mainmise sur la succession du grand maître, de Boisy, était un procédé du même genre, puisqu'il s'agissait d'un emprunt imposé à ses héritiers.

Dans le courant de l'année 1521, les hostilités commençaient contre Charles-Quint et le roi d'Angleterre. Il fallait entretenir des troupes en Italie, sur les frontières du Nord-Est et d'Espagne, gens d'armes des compagnies d'ordonnance, mercenaires français, italiens et suisses; il fallait équiper la flotte, entretenir les bonnes dispositions des princes allemands et des Cantons suisses. Les dépenses restaient énormes, tandis que les recettes diminuaient dans les provinces ravagées par la guerre et que Charles-Quint suspendait le payement de la pension de Naples.

Pour subvenir aux besoins les plus urgents, on différa les payements les moins nécessaires et le remboursement des prêts antérieurs, dont quelques-uns se trouvent reportés sur l'exercice 1523. Semblançay employait toute l'épargne des années précédentes, 707,000 livres provenant de la pension de Naples et des économies personnelles de Louise de Savoie, sans compter les sommes qui

[1] M. Spont, dans son ouvrage sur Semblançay, a étudié dans tous ses détails la situation financière de cette période. Nous lui empruntons quelques-uns des chiffres qui sont cités dans cette revision sommaire.

avaient été empruntées à la succession du grand maître. Enfin, on recourait aux procédés habituels, auxquels les circonstances forçaient de demander constamment davantage : anticipation sur la taille de 1522, qui était imposée le 20 juillet, création d'offices, 40 notaires à Bordeaux[1], 12 conseillers à la Chambre des Comptes[2], 4 au parlement de Grenoble[3], sans compter l'érection en titres d'offices de tous les greffes des juridictions royales[4]; on aliénait des parties du domaine, ce qui réduisait les recettes des années suivantes[5], on engageait même les revenus extraordinaires, les fermes de Rouen, cédées pour la somme de 42,000 livres[6], les aides de Troyes, pour 15,000 livres[7]; des octrois étaient concédés aux villes, moyennant le payement d'une certaine somme ou l'engagement de subvenir à l'entretien des gens de guerre, à Lyon[8], à Paris, où un octroi sur le vin rapportait 20,000 livres[9]; on vendait des anoblissements, on levait des droits d'amortissement, enfin, on continuait d'emprunter de tous côtés : comme on l'avait fait pour la succession du grand maître, on s'emparait de celle d'Antoine Robert, greffier au parlement de Paris[10], on demandait 200,000 livres aux officiers et à certains particuliers, 100,000 aux banquiers lyonnais, 280,000 à Semblançay, qui empruntait ces sommes en son nom personnel, pour subvenir aux besoins les plus pressants des armées du Nord et d'Italie pendant les derniers mois de l'année. Le 28 février 1522, la dette contractée envers Semblançay s'élevait à 1,574,342 l. 10 s. 5 d.[11], somme pour laquelle on lui délivrait un acquit, ce qui indiquait la réalité de sa créance mais non la possibilité d'en effectuer le remboursement.

La situation devint plus critique encore en 1522. Les besoins des armées grandissaient toujours, alors qu'il était de plus en plus dif-

(1) *Actes de François Ier*, n° 1205.

(2) *Ibid.*, n° 1391.

(3) *Ibid.*, n° 1405.

(4) *Ibid.*, n° 1377.

(5) Une des opérations les plus importantes, ordonnée le 29 mai, portait sur 187,500 livres. *Actes de François Ier*, n° 1353.

(6) *Ibid.*, n° 1370.

(7) *Ibid.*, n° 1422.

(8) *Ibid.*, n° 1326.

(9) *Ibid.*, n° 1324.

(10) Arch. nat. X^{1A} 1523, fol. 370 v°.

(11) *Actes de François Ier*, n° 1746 1.

ficile de les satisfaire. La solde des Suisses était payée avec des retards qui mettaient leur fidélité à l'épreuve et dont les résultats indirects furent la défaite de La Bicoque et la perte du Milanais.

Il fallait recourir aux expédients des années précédentes : des dépenses s'élevant à 2,638,855 l. 19 s., qui restaient impayées, étaient reportées à l'exercice suivant[1], tandis qu'on anticipait de 1,191,184 livres sur la taille de 1523[2]. Pour accroître les recettes, on s'adressait aux villes, qui fournissaient des gens de pied; ou on créait des rentes sur l'Hôtel de Ville de Paris[3]; on levait encore des droits d'amortissement et on empruntait toujours, 40,000 livres à la duchesse de Nemours, 17,187 écus à Jean Cléberger, 100,000 livres à différents prêteurs; Semblançay obtenait plus de 85,000 livres des banquiers lyonnais[4], Hurault et le général de Normandie plus de 350,000 livres.

En même temps, les aliénations du domaine royal atteignaient 200,000 livres[5], tandis que la Ville de Paris, pour la même somme, acquérait le revenu de plusieurs fermes et droits d'aides[6].

Toutes ces opérations, emprunts et aliénations, étaient conclues à des conditions peu avantageuses pour le Trésor. C'est par exception qu'en Dauphiné les aliénations des revenus du domaine se faisaient au taux de 6,7 %[7], car nous trouvons le plus souvent celui de 10 %[8], et nous rencontrons même des conventions plus onéreuses

(1) Ce total nous est donné par plusieurs sommes indiquées dans l'*État général des finances* de 1523 : 21,250 livres au chapitre XV, 158,724 l. 7 s. 6 d. au chapitre XVI des dépenses, 1re partie, et 2,458,881 l. 11 s. 6 d. mentionnés à la fin de l'état F, 2e partie.

(2) Ce total correspond aux indications contenues au chapitre IV des recettes 1re partie, en y comprenant l'anticipation sur le fouage de Bretagne, qui monte à 131,040 livres.

(3) Cauwès, *Les rentes sur l'Hôtel de Ville* dans la *Revue d'économie politique*, 1895, p. 97.

(4) Le chiffre de 85,177 livres indiqué par Spont, *Semblançay...*, est sans doute inférieur à la réalité. Voir à ce sujet : Isaac, *Le Cardinal de Tournon, lieutenant général du roi* dans la *Revue d'histoire de Lyon*, 1913.

(5) *Actes de François Ier*, n° 1472.

(6) *Ibid.*, n° 1670.

(7) 5,591 livres de rente pour 83,720 livres de capital. Voir l'*État des finances*, chapitre I des recettes.

(8) Outre-Seine : 9,942 livres pour 99.225 livres de capital. Bourgogne : 430 livres pour 4,280 livres, etc. Chapitre I des recettes.

encore, comme un emprunt de 4,200 livres qui devait être remboursé par deux annuités de 2,500 livres chacune, à prendre sur les aides d'Auxerre[1]. Cela, mieux que tout le reste, laisse voir la détresse du Trésor, obligé d'accepter de pareilles conditions pour se procurer des sommes aussi minimes.

Enfin, on créait encore de nouveaux offices, 20 conseillers au parlement de Paris[2], 20 à Dijon[3], 1 à Aix[4], 40 notaires[5] et 16 examinateurs au Châtelet[6], 20 sergents à la sénéchaussée de Guyenne[7], un procureur du roi dans chaque juridiction[8]. Le Parlement, qui devait enregistrer ces actes, avait fini par s'émouvoir, et trois conseillers étaient allés présenter des remontrances à Duprat, audace qui leur valut d'être envoyés pour dix jours à la Bastille[9].

Toutes ces anticipations et tous ces emprunts n'étaient pas compensés par le remboursement de dettes antérieures : les généraux des finances recevaient seulement un acquit de 555,525 l. 12 s. 11 d. pour les emprunts contractés à Lyon en 1518 et 1520, tandis que Semblançay recevait 651,269 l. 3 s. 3 d. par acomptes successifs sur son acquit du 28 février.

Les documents nous manquent pour calculer exactement le montant du déficit que l'année 1522 ajoutait à celui des années précédentes. Nous verrons seulement, en étudiant l'*État des finances* de 1523, quelles charges le déficit antérieur imposait à cet exercice.

II

L'*État général des finances* était un relevé annuel des prévisions de recettes et de dépenses classées par catégories pour l'ensemble du royaume, relevé établi par les généraux des finances et les trésoriers de France, sous la direction des personnages qui avaient la

(1) *État des finances*, chapitre II des dépenses.
(2) *Actes de François Ier*, n° 1467.
(3) *Ibid.*, n° 1528.
(4) *Ibid.*, n° 23,739.
(5) *Ibid.*, n° 1480.
(6) *Ibid.*, n° 1479.
(7) *Ibid.*, n° 1558.
(8) *Ibid.*, n° 1644.
(9) *Journal d'un bourgeois de Paris*, édit. Bourrilly, p. 122-123.

direction suprême des finances, c'est-à-dire, pour les années qui nous intéressent, Semblançay et le Bâtard de Savoie.

L'*État* de 1523, que nous publions, nous est connu par une minute non signée et incomplètement datée, qui se trouve au département des manuscrits de la Bibliothèque nationale, collection Dupuy, n° 486, fol. 137 à 241 (1).

Ce document comprend plusieurs parties :

1° L'*État des finances* proprement dit, établi le 1er mai 1523, qui comprend les recettes et les dépenses normales prévues à cette date pour la période du 1er janvier au 31 décembre 1523.

Les recettes sont classées dans les chapitres suivants :

I.	Domaine	353,920 l.
II.	Greniers, tirages et autres parties de sel	460,557 l.
III	Aides, impositions et équivalents	672,757 l.
IV.	Tailles et octrois	3,566,942 l.
	TOTAL DES RECETTES	5,155,176 l. (2)

Les dépenses sont classées dans les chapitres suivants :

I.	Aumônes et fondations	24,223 l.
II.	Rabais et affranchissements à rabattre sur la recette	53,254 l. 15 s.
III.	Parties de domaine engagées ou ordonnées en récompense	102,475 l.
IV.	Gardes des forêts	5,688 l. 15 s.
V.	Dons de greniers	36,735 l.
VI.	Dons d'aides	34,781 l.

(1) Dans l'*État des finances* de 1523, nous rechercherons les indications relatives à la situation financière de cette période et non ce qui se rapporte à cette partie de l'administration en général. Ce n'est pas que ce texte ne soit également intéressant à ce dernier point de vue, mais l'administration financière du XVIe siècle a été étudiée d'une façon remarquable par deux érudits aux travaux desquels on ne peut que se reporter pour tous les renseignements d'ordre général. Voir au § VII les indications relatives aux ouvrages de MM. Jacqueton et Spont.

(2) Ce chiffre, comme celui qui est indiqué plus bas pour le total des dépenses, est celui qui figure dans l'*État des finances*. Ni l'un ni l'autre ne correspondent aux totaux des sommes inscrites en regard des chapitres.

VII.	Parties ordinaires pour le fait de la guerre....................	1,423,640 l.
VIII.	Gardes de places..............	26,237 l. 10 s.
IX.	Mortes-payes.................	75,800 l.
X.	Gardes du roi................	372,083 l. 9 s. 6 d.
XI.	Réparation des fortifications......	294,200 l.
XII.	Ravitaillement des places, etc.....	494,255 l.
XIII.	Cours souveraines.............	220,067 l. 16 s. 8 d.
XIV.	Maison du roi, de la reine et des princes...................	543,800 l.
XV.	Pensions (somme totale prévue)...	484,850 l.
XVI.	Parties payées comptant par ordonnance du roi et dépenses diverses.	1,053,602 l. 15 s.
XVII.	Diminutions sur les recettes......	135,435 l.
	Total des dépenses.............	5,380,269 l.
	Il ressort un excédent de dépenses de....	226,069 l.

2° Plusieurs états dressés successivement, qui comprennent les recettes supplémentaires destinées à combler le déficit sans cesse accru, et certaines dépenses qui ne figurent pas dans l'état proprement dit.

A. Crue et anticipation sur la taille de 1524, ordonnées en juin 1523 :

I.	Crue de taille..................	612,609 l.
II.	Anticipation à lever en septembre 1523.	850,000 l.
III.	Anticipation à lever en décembre 1523.	650,000 l.
IV.	Reste à lever en mars 1524........	300,000 l.

B. Nouvelle anticipation sur la taille de 1524, ordonnée le 9 juillet 1523..................	200,000 l.
C. Emprunt sur les officiers du royaume, ordonné en juin 1523......................	50,000 l.
D. État des octrois des villes franches pour la solde des gens de pied, établi le 29 juin 1523.....	112,800 l.
E. Double décime et demie imposée au clergé..	1,185,221 l.
F. État des pensions ordonnées par le roi, (détail du chapitre XV des dépenses, dans la première partie)...........................	571,160 l.
G. Second état des pensions...............	234,833 l.

En résumé, au déficit que faisait ressortir l'*État des finances* de l'année 1522, et qui s'élevait à 2,458,881 l. 11 s. 6 d., s'ajoutait un excédent de dépenses de 226,069 livres, plus un nouvel excédent provenant de ce que l'état des pensions F dépassait la somme totale prévue au chapitre XV, soit 85,810 livres. Le total du déficit constaté serait donc de 2,770,760 l. 11 s. 6 d., sans tenir compte du second état des pensions G, qu'on ne pouvait appointer faute de fonds.

Telle était la situation d'après les indications fournies par le document lui-même [1]. Ces indications doivent maintenant être examinées de près et soigneusement critiquées.

III

Nous sommes surpris de remarquer le manque de soin avec lequel on a exécuté un travail aussi important que cet *État des finances*. Nous y relevons de grosses erreurs matérielles : pour l'anticipation sur la taille de Guyenne, par exemple, nous trouvons 4,041 livres au lieu de 104,041 livres; pour la pension de la duchesse d'Alençon, 25 livres au lieu de 25,000 livres. Ce sont là des cas où l'erreur est évidente. Combien d'autres nous échappent, faute de moyens de les constater.

Les erreurs de calcul sont de règle générale : il est exceptionnel qu'une addition soit exacte; la chose serait insignifiante s'il s'agissait de totaux erronés faute d'avoir tenu compte des sous ou des deniers, mais les écarts sont souvent considérables et dépassent parfois 100,000 livres.

Ce manque de rigueur est encore aggravé par une certaine incohérence dans des opérations où l'exactitude était pourtant facile et nécessaire; ainsi la taille qui fait l'objet de l'état A, après avoir été fixée tantôt à 2,300,000 livres, tantôt à 2,400,000, ou à 2,412,609, monte en réalité à 2,392,962 livres et, dans le dépar-

[1] M. Spont, dans son étude sur Semblançay, nous indique la gravité de la crise financière de 1523, dont il a entrevu les conséquences. Mais il a accepté avec trop de confiance les chiffres indiqués dans l'*État des finances* : les conclusions qu'il en tire, bien que faisant ressortir l'existence d'un déficit, ne montrent pas son importance réelle. Elles auraient certainement été modifiées par une étude critique de ce document.

tement qui en est fait par termes entre les généralités, le second terme, qui devait être de 850,000 livres, atteint seulement 843,771; le troisième, qui devait être de 650,000 livres, est de 644,853, et le quatrième, qui devait être de 300,000 livres, est de 291,729.

Ces comptes seraient encore assez clairs si, à ces erreurs ne venaient s'ajouter d'autres causes de confusion. Les frais de perception des revenus, au lieu d'être portés en dépense comme frais normaux d'administration, sont simplement déduits de la recette comme les moins-values subies dans les provinces ruinées par la guerre, alors qu'il s'agit de deux cas complètement différents. Ce procédé, qui ne permettait pas de se rendre compte de l'importance exacte des dépenses, pouvait favoriser toutes sortes d'abus.

De même, sont déduites des recettes les sommes qui correspondent aux domaines et revenus aliénés, aux donations, aux travaux de réparation et de fortification des bâtiments royaux et des places fortes. Le montant de ces déductions est parfois mentionné, mais il est le plus souvent passé sous silence, et cette omission dissimule le payement de grosses sommes qui devraient figurer avec les intérêts des emprunts, avec les pensions ou avec les dépenses de la maison du roi et de l'ordinaire de la guerre. Cela compromettait plus gravement que tout le reste la sincérité de ces comptes.

Dans la première partie, les recettes du domaine s'élèvent en réalité à 515,930 l. 3 s., dont 60,922 livres sont retranchées comme donations et frais de recouvrement, 20,800 livres pour les réparations, et 79,007 l. 11 s. pour les parties aliénées. Le reste, soit 356,100 l. 12 s., correspond au total indiqué pour le chapitre, avec un écart de 2,180 l. 12 s. provenant de diverses erreurs. D'autres revenus, et non des moins importants, sont également déduits de la recette, comme ceux du duché de Berry donnés à la duchesse d'Alençon et ceux des forêts domaniales qui sont consacrés à l'Extraordinaire des guerres; mais, faute d'évaluation précise, nous ne pouvons pas indiquer les corrections qui devraient en résulter.

Les recettes des gabelles sont de 352,153 livres, dont on retranche 10,740 livres comme frais de recouvrement et 5,329 livres de donations. La différence du total avec la somme de 460,557 livres portée en recette provient d'une crue de 15 l. t. par muid de sel imposée le 5 février 1523 et dont le produit est évalué à 124,414 l. 10 s. Remarquons que le revenu des greniers de Bourges, Issoudun, Vierzon, Selles, Buzançais et Sancerre, donnés à Marguerite d'Angoulême, duchesse de Berry, celui de Montfort-l'Amaury, donné à la reine Claude, sont déduits de la recette sans évaluation.

Les aides montent à 877,159 l. 3 s. 6 d., dont on retranche 59,732 livres comme donations, 24,206 l. 7 s. 6 d. comme frais de recouvrement, 20,475 livres comme revenus aliénés. Le reste, soit 772,745 l. 16 s., s'écarte sensiblement du total indiqué, 672,757 livres. Signalons encore plusieurs revenus non évalués, dont les uns sont abandonnés à Louise de Savoie, tandis que l'entrée des draps de soie à Lyon est cédée aux fermiers et que la crue des gens des comptes de Bretagne reçoit sa destination prévue.

La taille de 1523 devait monter à 2,400,000 livres en chiffres ronds, avec une augmentation de 315,232 livres pour l'aide de Provence et du Dauphiné et le fouage de Bretagne augmenté des droits de 12 deniers pour livre, le total réel étant d'ailleurs seulement de 2,708,193 l. 15 s. 4 d. Or, en 1522, on avait déjà anticipé sur cette taille de 1,060,144 livres et de 131,040 livres sur le fouage de Bretagne. Il ne restait donc que 1,517,009 l. 15 s. 4 d. à recevoir pour l'année 1523. Pour arriver au chiffre de 3,566,942 livres porté en recette, on tient compte d'une anticipation sur la taille et sur le fouage de 1524, destinée à compenser exactement l'anticipation de 1522, d'une crue de 600,000 livres (en réalité 598,237 l. 18 s. 9 d.), et d'une imposition supplémentaire de 263,512 l. (en réalité 263,501), levée pour les fortifications. En tenant compte de ces expédients, qui atteignent à eux seuls le chiffre de 2,054,696 livres, et en corrigeant quelques erreurs de calcul, dont une porte sur 100,000 livres, nous retrouvons à peu de chose près le total indiqué au chapitre des tailles et octrois.

Mais, d'autre part, nous trouvons dans les chapitres des dépenses certaines sommes indiquées comme moins-values sur la recette qui, par suite, n'ont aucune caractère de dépenses et seraient plutôt à soustraire des recettes. Ces sommes, inscrites aux chapitres II, III, VI, XV et XVI, s'élèvent au total de 105,785 l. 14 s. 7 d.

Il convient enfin d'ajouter 4,500 livres pour deux recettes omises, et 32,841 livres qui restent de l'année précédente sur l'état de Picardie et le domaine du Languedoc.

L'ensemble des recettes normales disponibles pour 1523, déduction faite des ressources fournies par les expédients que nous avons déjà indiqués, s'élève donc en réalité à 3,193,807 l. 7 s. 3 d.

Passons maintenant aux dépenses auxquelles il fallait pourvoir.

Les chapitres I, IX, XI, XIII, XIV, ne donnent lieu à aucune remarque, à part quelques erreurs de calcul sans importance.

Dans le rabais sur la recette, après déduction de 25,578 l. 1 s. 3 d. de moins-value, figurent 27,486 l. 17 s. 8 d. de dépenses véritables, donations, aliénations de revenus et remboursements de prêts.

Dans les parties de domaine engagées, déduisons seulement 1,041 l. 13 s. 4 d. de moins-value. Le reste du chapitre comprend 109,583 l. 10 s. de dépenses, dont 3,100 sont couvertes par des recettes omises et 3,097 l. 10 s. rejetées à l'exercice suivant.

Pour les gardes de forêts, les dépenses réelles sont de 11,505 livres, dont plus de la moitié sont rejetées à 1524 ou assignées sur les ventes de bois extraordinaires.

Le chapitre «dons de greniers» s'élève à 40,110 livres, dont 1,400 livres correspondant à des recettes omises et 1,875 livres rejetées à l'année suivante; il faudrait compléter ce total par les revenus des greniers abandonnés à la reine et à la duchesse de Berry, qui sont indiqués sans évaluation.

Le chapitre «dons d'aides» comprend 27,390 livres de dépenses, en tenant compte d'une moins-value de 8,666 livres et de 1,175 livres rejetées à 1524.

L'ordinaire de la guerre est de 1,450,240 l. 10 s., dont 26,600 livres à prendre sur les recettes éventuelles.

Pour les gardes de places, 29,820 livres, dont 3,582 l. 10 s. rejetées à 1524.

Pour les gardes du roi, 377,350 l. 17 s., dont 4,947 l. 5 s. rejetées à 1524.

Pour le ravitaillement des places et dépenses diverses, 770,680 livres, dont 27,425 livres rejetées à 1524 et 249,000 livres correspondant à la dette d'Angleterre et au domaine de la reine Marie, veuve de Louis XII, dont les événements politiques permettaient de différer le payement. Ce chapitre ne comprend d'ailleurs que les frais nécessaires pour les places de Picardie; des sommes considérables, qui devaient être employées dans les autres provinces frontières, étaient prises sur les fonds de l'extraordinaire des guerres, faute de ressources disponibles dans le présent état général.

Les pensions, auxquelles le chapitre XV attribue une somme de 484,850 livres, s'élèvent à 549,860 livres, dont nous trouvons le détail dans l'état F, compris dans la deuxième partie de l'*État des finances*. Ce dernier chiffre, obtenu après des rectifications qui s'imposent, ne coïncide pas avec le total indiqué à la fin de ce même état, qui est sans doute faussé par d'autres erreurs moins évidentes.

Les parties payées comptant, après déduction de 2,000 livres de moins-value, montent à 1,087,901 l. 15 s. sur lesquelles 296,465 livres correspondent à des aliénations ou à des remboursements; 4,000 livres sont assignées sur les recettes éventuelles et 9,099 livres réservées pour un autre exercice.

Enfin, dans les diminutions sur les recettes, qui atteignent 135,435 livres, les moins-values réelles semblent ne compter que pour 68,500 livres. La différence, soit 66,935 livres, représente des dépenses véritables, aliénations ou remboursements.

Aux dépenses qui figurent dans la première partie de l'*État des finances*, nous devons ajouter le second état des pensions G, qui est de 236,703 l. 10 s.

Le total des dépenses qui sont inscrites dans les deux parties de l'*État des finances* est donc de 5,944,557 l. 16 s. 4 d., et ne pouvait être réduit qu'à l'aide de quelques mesures de circonstance, payements différés, annulés, ou rejetés sur un des comptes spéciaux dont l'existence nous est connue.

Par contre, à ces dépenses doit s'ajouter ce qui a été déduit des recettes comme frais de perception, de réparations, ou comme revenus aliénés, ce qui monte à 160,548 l. 18 s. 6 d. en ne comptant que les sommes pour lesquelles le doute ne peut exister.

Enfin, pour évaluer toutes les charges, il faut tenir compte des dépenses de l'année précédente qui, faute de fonds, avaient été rejetées sur l'exercice 1523 ; ces dépenses se montent à 2,638,855 l. 19 s. dont 93,628 l. 15 s. figurent parmi les dépenses régulièrement assignées dont nous avons déjà fait le compte. Il reste ainsi 2,545,227 l. 4 s. à ajouter aux dépenses qui requièrent assignation.

La dépense totale peut ainsi être fixée à 8,650,333 l. 18 s. 10 d. sans tenir compte des parties qui n'ont pas donné lieu à une évaluation précise.

Le déficit réel de l'exercice 1523 ressort donc à plus de

5,456,526 l. 11 s. 7 d. Nous sommes loin, comme on le voit, de l'écart peu important que fait ressortir l'*État des finances*.

Et nous sommes encore bien au-dessous de la vérité, attendu que cet état laisse de côté toutes les dépenses imprévues, les unes d'ordre militaire, solde de gens de pied, ravitaillement, travaux de fortification, frais d'armement de la flotte, les autres nécessaires pour la diplomatie, les ambassades et les pensions. Tous ces besoins étaient en relation avec les événements qui les provoquaient et devaient être satisfaits sur-le-champ. De là l'usage d'y pourvoir soit en laissant dans différents chapitres des sommes disponibles, soit au moyen de recettes éventuelles, les *deniers casuels*, dont l'origine variait suivant l'ingéniosité des financiers, soit enfin par des sommes prises sur les recettes normales et détournées de leur affectation primitive en exécution de mandements patents du roi. La plus grande partie de ces recettes et de ces dépenses imprévues, toutes celles qui étaient destinées aux choses de la guerre, constituaient un compte spécial dont le nom, *extraordinaire des guerres*, donne une définition exacte et auquel l'*État des finances* fait de fréquentes allusions. Or, dans l'*État des finances* de 1523, nous ne trouvons aucun essai pour couvrir, ni même pour évaluer ces dépenses, et il n'y a que des sommes insignifiantes qui correspondent à ces besoins : 20,000 livres au chapitre XII pour les «cas inopinez qui pourront survenir. . . à cause des. . . Suisses», 50,000 livres au même chapitre, pour «l'advitaillement des places», somme à peine suffisante pour celles de Picardie, 10,000 livres au chapitre XVI, pour les cas inopinés qui pourront survenir en Bretagne, le revenu des forêts domaniales en Languedoil, Normandie et Outre-Seine pour l'extraordinaire des guerres. Toutes les dépenses supplémentaires devaient donc accroître largement le déficit que nous venons d'évaluer, qui ne constitue, à proprement parler, que le déficit initial de l'exercice.

Il n'est donc pas exagéré de parler d'une crise financière, et si nous comparons les résultats de cet exercice à ceux qui l'ont précédé, nous voyons qu'elle dépassait en gravité toutes les crises antérieures.

Nous voudrions maintenant pouvoir déterminer, parmi les charges imposées aux finances de 1523, la part qui vient des exercices précédents. Nous trouvons déjà dans les chapitres consacrés aux recettes une somme de 99,482 l. 11 s. déduite comme représentant les revenus abandonnés aux engagistes. Ajoutons-y 23,785 livres classées avec les dépenses. Nous arrivons à 123,267 l. 11 s. Parmi les dépenses, figurent également 362,015 livres pour des remboursements de prêts, dont une assignation de 112,540 livres à Semblançay pour les sommes envoyées par lui à Fontarabie, une de 100,000 livres aux généraux des finances, une de 32,000 livres aux trésoriers de France, une autre de 20,000 livres au général de Bourgogne. Il faut ajouter à ces sommes les payements rejetés des finances de 1522 sur celles de 1523 et différés pour la seconde fois en attendant des années meilleures, sommes qui ne figurent que pour mémoire dans notre *État des finances* : ce sont 86,345 l. 12 s. 6 d. d'une part, et 2,458,881 l. 11 s. 6 d. de l'autre ; si bien que, sur le total des dépenses afférentes à l'année 1523, nous trouvons 3,030,509 l. 15 s. qui lui sont imposées par le déficit des années antérieures, somme sur laquelle 123,267 l. 11 s. représentent des intérêts correspondant à une diminution permanente des revenus.

Mais la réalité était encore bien différente de la situation que nous montre l'*État des finances* : ce n'est qu'incidemment qu'il mentionne des revenus aliénés, et effectivement, le total auquel nous arrivons ne semble pas correspondre aux actes du gouvernement prescrivant l'aliénation des revenus royaux. Celui du 3 février 1522, à lui seul, portait sur 200,000 livres de rentes[1]. De même, les chiffres indiqués pour chaque province en particulier sont notablement inférieurs aux aliénations prescrites par le roi dans ces provinces, lorsque nous en connaissons le montant[2]. Enfin, l'*État des finances* ne fait aucune allusion à des revenus dont l'aliénation nous est connue par ailleurs, comme les fermes de la vicomté de l'eau de Rouen[3], ou le greffe de la prévôté de Paris[4].

Nous pourrions cependant hésiter à supposer une réduction trop forte des revenus du domaine, en constatant que l'*État des finances*

(1) *Actes de François Ier*, n° 1472.

(2) En Provence par exemple, où il avait été prescrit d'aliéner pour 30,000 livres de rentes sur les revenus du domaine, l'*État des finances* n'indique que 1,175 l. 3 s. de revenus aliénés. La différence correspond soit à des revenus qui n'avaient pas trouvé acquéreur, soit plutôt à des revenus qui sont simplement soustraits des recettes, sans que mention en soit faite dans l'état.

(3) *Actes de François Ier*, n° 1370.

(4) Engagé pour 50,000 livres à Nicolas de Neufville de Villeroy. *Actes de François Ier*, n° 1663.

de 1518 en évaluait le produit à 331,398 livres[1], chiffre qui, par comparaison avec le revenu net obtenu en 1523, soit 355,109 l. 12 s., ferait plutôt conclure à une récupération entre ces deux dates des revenus aliénés. Mais nous savons à quelle critique doivent être soumis les chiffres indiqués dans l'*État des finances* pour approcher de la réalité : cette critique étant impossible pour le total de 1518, nous ne pouvons nous servir de ce chiffre pour aucune comparaison et les arguments précédents conservent ainsi toute leur force.

Pour apprécier les charges imposées par les années précédentes, on devrait également tenir compte des gages payés aux officiers dont la création avait été imposée par les besoins du trésor, mais, outre que la liste de ces offices ne peut être établie, leurs gages se confondent avec ceux des officiers de création plus ancienne, et nous ne pouvons qu'indiquer cet élément, sans arriver à une estimation quelconque.

Enfin, l'état de 1523 ne fait aucune mention de la plupart des emprunts contractés précédemment, et les sommes consacrées aux remboursements sont loin de correspondre aux créances exigibles. La preuve nous en est fournie par les comptes de J. Testu, receveur général du Languedoc. D'autre part, nous savons que, si Semblançay est remboursé des avances faites pour Fontarabie, son acquit de 1522 reste toujours en souffrance pour 871,348 l. 17 s. 3 d. au 13 octobre 1523[2].

Nous n'essayerons pas d'indiquer plus exactement cette répercussion des exercices précédents, par crainte de n'aboutir qu'à une précision trompeuse. Nous constatons simplement que le chiffre de 3,030,509 l. 15 s. est notablement inférieur à la réalité, et que, tel quel, il absorberait cependant à peu près toutes les recettes normales qui restent disponibles pour 1523. C'est dire que celles-ci suffisaient à peine au payement de l'arriéré, même en négligeant le remboursement des emprunts.

IV

Aux dépenses prévues, pour lesquelles les ressources normales étaient déjà insuffisantes, allaient donc s'ajouter d'autres dépenses,

(1) Spont, *Semblançay*.. , p. 141.
(2) Bibl. nat., ms. fr. 2941, fol. 25 v°.

dont nous pouvons avoir un aperçu par les indications très fragmentaires fournies par des documents isolés.

De nouvelles donations s'ajoutèrent à celles que mentionne l'*État des finances :* 25,000 livres au connétable de Bourbon [1], 1,800 livres à F. d'Anglure [2], 3,000 livres au seigneur de Choisy [3], 3,000 livres au duc de Vendôme [4], 10,000 livres à F. de Silly [5], 1,250 livres et le château de Villers-Cotterets au Bâtard de Vendôme [6], 15,000 livres à la ville de Lyon [7], les seigneuries d'Auray et de Quiberon à Gillette de Guiny [8], le revenu du sceau du bailliage de Paris au collège du cardinal de Luxembourg [9], sans compter bien d'autres donations de moindre importance.

La guerre en Italie et l'expédition d'Écosse, puis, dans les derniers mois de 1523, les préparatifs d'une nouvelle campagne et la fuite du connétable de Bourbon, qui montrait la nécessité d'une organisation défensive plus solide, tout cela imposait des dépenses plus élevées encore : 200,000 livres le 11 juillet, pour l'expédition d'Écosse [10], 100,000 livres à Montmorency [11], 25,000 livres pour l'extraordinaire des guerres le 9 janvier [12], 30,000 en juillet [13], 21,000 le 8 novembre [14], 10,000 livres pour fortifier les places de Bourgogne, Beaune et Auxonne [15], 5,000 livres pour celles de Normandie [16]; mais il manquait encore 6,000 livres pour Chalon, sans compter les sommes réclamées par Du Biez pour lever

(1) Comptes de J. Testu, receveur général de Languedoc. Bibl. nationale, ms. fr. 23269.

(2) *Actes de François Ier*, n° 1828.

(3) *Ibid.*, n° 17682.

(4) *Ibid.*, n° 17686.

(5) *Ibid.*, n° 17739.

(6) *Ibid.*, n° 17588.

(7) *Ibid.*, n° 1913.

(8) *Ibid.*, n° 1802.

(9) *Ibid.*, n° 1815.

(10) *Ibid.*, n° 1858.

(11) Spont, *Semblançay*, p. 204.

(12) *Actes de François Ier*, n° 1720.

(13) *Ibid.*, n° 1860.

(14) *Ibid.*, n° 17722.

(15) Lettre de La Trémoille à Montmorency, du 26 décembre 1523. Bibl. nat., ms. Fontanieu, 193-194, fol. 447 v°.

(16) *Actes de François Ier*, n° 18307.

des troupes en Picardie[1], par Bonnivet pour l'entretien de ses armées et par Saint-Blancard pour ses galères[2]. L'amitié des Cantons suisses exigeait de plus grosses sommes que les 452,000 livres prévues au total. Le 1er janvier, on commençait par attribuer aux pensions des Suisses un supplément de 200,000 livres[3].

Enfin, le remboursement des emprunts exigeait également de grosses sommes : 10,596 l. 15 s. à Morelet du Museau et autant à Th. Bohier[4], 20,000 livres aux fermiers de l'entrée des draps de soie à Lyon[5], autant à la ville de Lyon[6], 12,500 livres à Albisse[7], 17,500 livres aux marchands de sel d'Outre-Seine[8], 173,152 livres à Semblançay en plusieurs versements[9], 45,000 livres à Jean, Philippe et Jean-Paul de Roma[10], 13,500 livres à B. Serre et R. Hurault[11], 48,600 livres à J. Sapin, 8,945 l. 15 s. à L. Meigret, 42,153 livres à J. Prévost, 28,350 livres au grand maître[12]. Tout cela représentait 450,894 l. 5 s. et nous ne connaissons certainement pas tout ce qui devrait figurer à ce compte d'amortissement de la dette.

Les ressources normales, déjà insuffisantes pour les dépenses prévues, étaient donc bien loin de couvrir l'imprévu qui s'y ajoutait. Jamais la détresse n'avait été aussi grande, et, dans la situation où se trouvait le royaume, elle pouvait l'entraîner à une catastrophe. Pour la conjurer, il fallait, par tous les moyens, se procurer les ressources nécessaires.

Le 5 février, le roi ordonnait une crue de 15 livres par muid de sel pour le payement des cours souveraines. Le produit devait être de 124,414 l. 10 s. pour les dix derniers mois de l'année[13].

(1) Lettre de Du Biez à Montmorency, du 28 mai 1523. Bibl. nat., ms. Fontanieu, 193-194, fol. 245 v°.

(2) Bibl. nat., ms. fr. 2940, fol. 23 v°.

(3) *Actes de François Ier*, n° 17577.

(4) *Ibid.*, nos 1753 et 1754.

(5) *Ibid.*, n° 1910.

(6) *Ibid.*, n° 1913.

(7) *Ibid.*, n° 1919.

(8) *Ibid.*, n° 1950.

(9) Bibl. nat., ms. fr. 2940, fol. 91 et suiv.

(10) *Actes de François Ier*, n° 23760.

(11) *Ibid.*, nos 23780 et 23781.

(12) Comptes de J. Testu, receveur général de Languedoc. Bibl. nationale, ms. fr. 23269

(13) *Actes de François Ier*, n° 1748.

Pour compenser la réduction subie par la taille de 1523, l'*État des finances* prévoyait d'abord sur celle de 1524 une anticipation équivalente, c'est-à dire de 1,191,184 livres. On ordonnait en même temps une crue de 600,000 livres, qui devait être en réalité de 595,250 l. 4 s., et on y ajoutait un supplément de 263,501 livres pour les fortifications des frontières. Nous retrouverons plus loin le détail de cette anticipation, dont le chiffre fut d'ailleurs augmenté entre temps. Nous ne tiendrons compte pour le moment que des deux derniers articles qui font un total de 858,751 l. 4 s.

En effet, dans la dernière partie de l'*État des finances*, l'état A, établi dès le mois de juin 1523, réglait avec précision les conditions dans lesquelles devait être levée la taille de 1524. Cette taille, fixée à 2,392,961 livres, était exigible aux quatre termes de juillet, septembre, décembre 1523 et mars 1524. Les trois premiers, qui étaient en même temps les plus considérables et se montaient à 2,101,333 livres, devaient ainsi être appliqués aux finances de 1523, ce qui dépasse largement l'anticipation de 1,191,184 livres qui avait été prévue antérieurement.

Le 9 juillet, nouvelle anticipation (état B) de 208,017 l. 19 s. 7 d. qui devait être perçue avec le terme de juillet, «sans toucher aux termes de septembre et de décembre». C'était donc le terme de mars 1524 qui devait être diminué d'autant, si bien que, sur la taille de 1524, 2,309,350 l. 19 s. 7 d. étaient pris par anticipation, contre 83,610 l. 5 d. qui restaient disponibles pour 1524.

Au mois de juin, le roi ordonnait également un emprunt sur les officiers du royaume (état C), qui devait fournir 50,719 l. 10 s.

D'autre part, les octrois des villes franches, tant pour le quartier commençant le 1er juin que pour les termes échus jusqu'à cette date, devaient fournir 112,800 livres (état D).

Enfin, le roi avait imposé au clergé deux décimes et demie, qui produisaient 1,185,221 livres (état E).

Le total général de toutes ces recettes supplémentaires devait ainsi s'élever à la somme de 4,641,257 l. 3 s. 7 d.

La réalité ne devait d'ailleurs pas correspondre à ces prévisions. Le clergé riposta par des menaces d'excommunication à la levée des décimes. Semblançay, assigné pour 70,000 livres sur les diocèses du Mans, d'Angers, de Bourges et de Tours, ne put recouvrer que

10,000 livres sur ce dernier[1]. Les vicaires généraux de Rieux marchandaient en proposant 5,000 livres au lieu de 7,457. Le roi dut les menacer de faire loger «certaines compagnies» chez ceux qui refuseraient de payer[2]. L'archevêque d'Aix, agissant en qualité de commissaire du roi, dut recourir à la contrainte pour lever le produit des diocèses d'Embrun, Grenoble, Gap, Saint-Paul-Trois-Châteaux, Marseillé, Toulon, Senez, Sisteron, Glandèves, Viviers, Narbonne, Albi, Le Puy et Mirepoix[3].

Mais ces recettes supplémentaires, quand même elles auraient atteint les chiffres prévus, étaient encore insuffisantes et il fallait recourir aux expédients habituels.

Les généraux des finances contribuaient par leurs prêts à fournir les 415,000 livres payées aux Suisses[4]. Au mois de mai, Semblançay, renouvelant le procédé employé pour de Boisy, empruntait la succession d'Ymbert de Batarnay, seigneur du Bouchage[5]. Pendant tout le reste de l'année, il continuait d'emprunter pour subvenir aux besoins urgents : 11,000 livres le 24 juin[6], 26,350 livres le 2 septembre[7]. On saisissait par forme d'emprunt toutes les sommes consignées en justice[8], on imposait aux trésoriers un prêt de 30,000 livres[9], on procédait à une révision des exemptions de tailles et autres impositions[10], on vendait des titres de noblesse pour des sommes minimes, 5 ou 600 livres[11], on continuait de lever sur les biens du clergé des droits d'amortissement[12] et d'aliéner toutes

(1) État produit par Semblançay le 23 juin 1524. Bibl. nationale, ms. fr. 2941, fol. 39.

(2) Mandement des vicaires généraux de Rieux, du 20 septembre 1523. Bibl. nat., ms. fr. 26119.

(3) Mandement de l'archevêque d'Aix, du 22 août 1523. Bibl. nat., ms. fr. 26119.

(4) *Actes de François Ier*, nos 1753 et 1754.

(5) B. de Mandrot, *Ymbert de Batarnay, seigneur du Bouchage*, Paris, 1886, in-8°, p. 285.

(6) Bibl. nat., ms. fr. 2941, fol. 25 v°.

(7) *Ibid.*

(8) *Actes de François Ier*, n° 1952.

(9) *Ibid.*, n° 1860.

(10) *Ibid.*, n° 1892.

(11) Voir notamment dans les *Actes de François Ier* les nos 17666, 23757, 23758.

(12) Dans le même recueil, actes nos 1743 et 1792, parmi bien d'autres de même nature.

sortes de revenus, tandis qu'une ordonnance du 29 août prescrivait la réunion au domaine de toutes les parties aliénées dans l'intention de les remettre en vente une fois de plus [1].

Enfin, les créations d'offices se multipliaient : c'étaient, pour ne citer que les principales, un lieutenant criminel dans chaque juridiction [2], un contrôleur des aides et tailles dans chaque recette du domaine [3], un président et 3 conseillers à la Cour des Aides [4], 12 rapporteurs à la chancellerie [5], un président et deux conseillers aux Monnaies [6], une Chambre des Comptes à Montpellier [7], un président et 3 conseillers à la Chambre du Trésor [8], un procureur du roi dans chaque maîtrise des Eaux et Forêts [9], une chambre criminelle et 4 conseillers au parlement de Dijon [10], 20 sergents à Rouen [11], 4 maîtres des requêtes de l'Hôtel [12], un siège du bailliage de Vermandois à Reims [13], 3 huissiers à Bordeaux [14], 2 à Grenoble [15], un élu dans chaque élection [16], 6 conseillers à la sénéchaussée de Guyenne [17], un avocat du roi au parlement de Toulouse [18], 2 conseillers à Aix [19], 2 à Toulouse [20], 2 à Bordeaux [21], le bailliage de Saint-Flour [22], le parlement de Dombes avec un président et 4 conseillers [23], et encore 2 conseillers au parlement de

[1] *Actes de François Ier*, n° 1887.
[2] *Ibid.*, n° 1727.
[3] *Ibid.*, n° 1736.
[4] *Ibid.*, n° 1749.
[5] *Ibid.*, n° 1767.
[6] *Ibid.*, n° 1775.
[7] *Ibid.*, n° 1788.
[8] *Ibid.*, n° 1789.
[9] *Ibid.*, n° 1825.
[10] *Ibid.*, n° 1841.
[11] *Ibid.*, n° 23776.
[12] *Ibid.*, n° 1840.
[13] *Ibid.*, n° 1842.
[14] *Ibid.*, n° 1843.
[15] *Ibid.*, n° 1844.
[16] *Ibid.*, n° 1868.
[17] *Ibid.*, n° 1880.
[18] *Ibid.*, n° 1884.
[19] *Ibid.*, n° 23791.
[20] *Ibid.*, n° 1920.
[21] *Ibid.*, n° 1921.
[22] *Ibid.*, n° 1935.
[23] *Recueil des droits et privilèges du Parlement de Dombes*, 1741, in-4°.

Bordeaux[1], tandis que, pour la naissance de la princesse Marguerite de France, on créait une maîtrise de chaque métier dans chaque ville du royaume[2]. Tout cela devait produire de grosses sommes, mais aussi quelle surcharge pour les finances de l'avenir et pour les populations, que ces offices dont la seule utilité consistait à combler pour une fois le déficit du Trésor.

D'autres mesures furent également prises dans ces mêmes intentions. Ce fut d'abord, le 17 janvier 1523, la création d'une commission chargée d'examiner les comptes des officiers comptables, changeur du Trésor, receveurs généraux des finances, trésoriers des guerres, commis à l'Extraordinaire des guerres et autres qui avaient fait la recette des deniers casuels. Cette commission devait arrêter leurs comptes, comme aurait pu le faire la Chambre des Comptes, et attribuer les sommes dont ils pouvaient être redevables au Trésor de l'Extraordinaire des guerres. L'intention était d'ailleurs nettement indiquée au début des lettres patentes, où il était dit que toutes les ressources provenant des expédients habituels, crues d'impositions, ventes d'offices, emprunts, etc., ayant été épuisées par deux années de guerre, il était nécessaire de rechercher autre part de nouvelles disponibilités. Les commissaires désignés étaient Ch. Guillart, G. Berthelot. E. Luillier, J. Brinon, P. Michon et P. Le Duc, auxquels pouvait s'adjoindre le chancelier Duprat[3]. Les mêmes pouvoirs furent conférés le 21 janvier à l'archevêque d'Aix[4] et le 12 mai au Bâtard de Savoie[5]. Tout cela ne produisit aucun résultat sur les finances de 1523, comme le constatent des lettres du 5 avril 1524 destinées à réchauffer le zèle des commissaires.

A cette opération s'ajouta bientôt une réorganisation administrative avec la création du Trésor de l'Épargne[6].

Puis, ce fut, au mois d'août 1523, le séquestre de la succession

[1] Bibl. nat., ms. fr. 22371, fol. 456.

[2] *Actes de François Ier*, n° 1936.

[3] *Ibid.*, n° 1730.

[4] Ces lettres patentes sont mentionnées dans celles du 5 février 1523. Arch. nat., J 958.

[5] Ces lettres sont mentionnées dans celles du 5 avril 1524. Arch. nat., J 958.

[6] Les actes principaux qui ont opéré cette réorganisation sont les lettres patentes du 18 mars 1523 (*Actes de François Ier*, n° 1780), et l'ordonnance du 28 décembre 1523 (*ibid.*, n° 1953). Se reporter, au sujet de cette réforme, à l'article de M. Jacqueton sur le Trésor de l'Épargne sous François Ier.

de Bourbon, sur le règlement de laquelle on plaidait depuis une année. Déjà, comme nous le montre l'*État des finances*, on avait disposé de plusieurs domaines pris sur la succession d'Anne de France [1] morte en 1522, pour les attribuer à Louise de Savoie, dont l'avidité insatiable n'était pas satisfaite par tant d'autres largesses. Ces donations pouvaient faire prévoir la solution générale qui ne tarda guère, solution qui devait procurer aux finances royales un avantage certain, et dont la conséquence plus lointaine, également avantageuse pour le Trésor, fut la confiscation totale prononcée contre le connétable et ses complices. Ces événements arrivaient à point, car le roi, en décembre 1523, se montrait pressé de tirer de cette affaire tout le bénéfice possible [2].

Nous ne pouvons déterminer plus exactement la répercussion de ces actes sur la situation financière. Nous y reviendrons seulement pour en indiquer le caractère et les conséquences du point de vue administratif et politique.

En résumé, pour tenir compte seulement des sommes qui se prêtent à une évaluation précise, nous trouvons dans l'*Etat des finances* de 1523 un programme de dépenses se montant à 8,650,333 l. 18 s. 10 d. en regard de 7,835,064 l. 10 s. 10 d. de recettes, dont 3,193,807 l. 7 s. 3 d. de recettes normales et 4,641,257 l. 3 s. 7 d. de recettes exceptionnelles. Il restait donc, même après avoir eu recours aux expédients que nous avons indiqués, un déficit de 815,269 l. 8 s. Et cela ne représentait encore qu'une part de la réalité : nous savons que les besoins réels dépassèrent de beaucoup les prévisions, et qu'il fallut par tous les moyens, trouver de nouvelles sources de recettes afin d'y pourvoir.

V

Si nous n'arrivons pas à plus de précision sur cette situation financière, la faute en est aux méthodes administratives alors en usage.

L'*État des finances* manque de clarté par suite des erreurs maté-

[1] Voir, au chapitre V des dépenses, la donation des greniers de Bourbon-Lancy, Cosne et Saint-Pierre-le-Moûtier, et au chapitre VI la rente sur la seigneurie de Gien.

[2] Lettre de Robertet à Montmorency, du 29 décembre 1523, Bibl. nat., ms. Fontanieu, 193-194, fol. 443.

rielles qui y foisonnent, par suite des procédés qui consistent à présenter certaines dépenses comme des moins-values sur la recette ou à répartir au hasard entre plusieurs chapitres des dépenses de même nature, comme les revenus aliénés ou les sommes destinées au remboursement des emprunts. Aussi arrive-t-il que la même dépense soit inscrite deux fois, ce qui laisse des crédits sans emploi aux mains des comptables et impose la pratique des virements [1]. Les pensions sont inscrites un peu partout, en dehors des chapitres qui leur sont réservés, parmi les moins-values ou les rabais sur les recettes, les engagements du domaine, les dons de greniers ou d'aides, ou même la garde des places, sans parler du chapitre des parties payées comptant où sont réunies les dépenses les plus variées.

La réunion de ces derniers articles dans un même chapitre, l'un des plus importants de l'état, est d'ailleurs un nouvel élément de confusion. Ces dépenses sont, en effet, réunies d'après leur mode d'ordonnancement, alors que les autres sont classées d'après leur destination. Il y a là une faute de principes, habituelle d'ailleurs à la comptabilité de l'époque, qu'une méthode plus stricte eût éliminée.

Cependant, si nous nous bornons aux opérations prévues par l'*État général*, nous constatons que la réalité correspondait assez exactement aux prévisions. Nous possédons en effet une partie des comptes de la généralité de Languedoc [2], qui nous montre que, dans cette charge, la plupart des payements furent conformes aux imputations. En effet, sur un total supérieur à 700,000 livres, les sommes versées pour des dépenses imputées à d'autres généralités ou non prévues dans l'*État des finances* atteint seulement 72,648 l. 3 s. 9 d., proportion relativement faible pour une période aussi fertile en événements imprévus. Ces payements furent effectués, les uns à l'aide de virements de crédits non utilisés, mais, pour la plus grosse part, au moyen des plus-values procurées par des expédients variés.

[1] Ainsi, 5000 livres, comprises dans un remboursement de 32,000 fait aux trésoriers de France, sont inscrites une première fois au chapitre XVI, et reportées isolément à la fin du même chapitre comme versées au trésorier Cottereau.

[2] « Reole des partyes... payées baillées et délivrées par maistre Jehan Testu ... trésorier et receveur général ... es pays de Languedoc, Lyonnois, Forests et Beaujeulloys, pour une année entière commançant le premier jour de janvier l'an mil cinq cens vingt deux et finissant le derr. jour de décembre ensuivant... mil cinq cens vingt trois. » Bibl. nat., ms. fr. 23269.

Mais le désordre provenait surtout du manque d'unité de cette comptabilité. Toutes les recettes du royaume ne sont pas centralisées entre les mains d'un comptable unique, ou même d'un petit nombre d'officiers de finances, comme les trésoriers et les généraux, et ne figurent pas dans l'*État des finances* pour être ensuite réparties entre les différents services. Nous avons déjà constaté l'existence d'un *compte de l'extraordinaire,* désigné aussi plus explicitement par le nom d'*extraordinaire des guerres.* L'*État des finances* nous fait connaître plusieurs autres comptes du même genre. Nous en trouvons la liste, à la date du 11 juin 1510, dans une décision du Conseil. Ils étaient alors au nombre de 49, et il ne semble pas que beaucoup de modifications y aient été apportées entre cette date et 1523; extraordinaire des guerres, artillerie, chambre aux deniers, argenterie, écurie, offrandes, payement des cours souveraines et des différents corps de la garde du roi se retrouvent mentionnés dans le texte de l'*État des finances.* Tous ces comptes spéciaux étaient alimentés à la fois par des assignations sur les recettes de l'*État des finances* et par des ressources particulières qui n'entraient pas dans la comptabilité générale, ce qui transformait certains administrateurs en agents de recouvrement. Par contre, certaines dépenses, normalement inscrites dans l'*État des finances,* étaient rejetées sur le compte de l'Extraordinaire des guerres ou sur d'autres comptes spéciaux faute de fonds nécessaires pour les assigner régulièrement, ce qui établissait entre les comptes spéciaux et l'*État des finances* une communication permanente. De là une confusion extrême dans l'administration tout entière et dans les attributions des officiers qui avaient à intervenir dans ces matières.

Enfin, ces comptes ne sont pas établis d'après des prévisions assez rigoureuses pour leur assurer une fixité suffisante : une grande partie des dépenses sont faites au fur et à mesure des événements et couvertes par des recettes improvisées, des «deniers casuels», dont on ne pouvait tenir compte que dans une régularisation rétrospective : en particulier, tout le compte de l'Extraordinaire des guerres est fait de cette comptabilité occasionnelle. Ainsi, une partie des finances, qui, dans les années de guerre, n'était pas des moindres, échappait à tout travail de coordination, et l'*État des finances,* même s'il eût évité toutes les autres critiques, ne nous aurait donné qu'une vue incomplète de la situation financière.

Ces observations ne sont d'ailleurs pas exceptionnelles dans l'histoire des finances publiques : l'art d'établir un budget a toujours été d'une théorie facile, mais d'une application moins aisée. Cette confusion dans la période que nous étudions était surtout le résultat de l'activité grandissante de la monarchie dont les dépenses ne correspondaient plus aux ressources, et dont les méthodes financières, dépourvues de souplesse et d'exactitude, convenaient à un prince vivant sur son domaine plutôt qu'à une administration d'État. Une réforme s'imposait, dont la crise de 1523 n'a pu que hâter la réalisation.

VI

La crise financière de 1523 devait avoir des conséquences qui dépasseraient de beaucoup le cadre des opérations fiscales auxquelles on se bornait jusqu'alors.

Les fautes de méthode que nous venons de signaler n'avaient pas échappé au roi ni à ceux de son entourage qui s'occupaient plus spécialement des finances. De là l'idée d'une réforme à laquelle s'ajoutait le désir de renouveler tout le haut personnel de l'administration financière, sur lequel François Ier et Louise de Savoie rejetaient la responsabilité de la crise [1].

Tel fut le point de départ de la réforme qui consistait dans la création du Trésor de l'Épargne : le 18 mars 1523, on créait un trésorier de l'Épargne, receveur général des parties casuelles et inopinées des finances, chargé de toutes les recettes exceptionnelles et de l'emploi des sommes ainsi obtenues. C'était déjà un essai d'organisation pour toute cette partie de l'administration financière qui en avait été jusqu'alors dépourvue. Ce système fut étendu par lettres du 1er septembre et du 15 novembre 1523, prescrivant aux receveurs des tailles, du domaine, des aides et gabelles, de verser eux aussi leurs recettes au Trésor de l'Épargne, et cette centralisation devait avoir son effet pour les recettes de 1523. Cette fois, toutes les recettes sans exception étaient réunies, c'était la disparition complète de l'ancien système, auquel on substituait une organisation susceptible de donner à la comptabilité publique

[1] Rien ne peut mieux nous éclairer sur ce point que le *Journal* de Louise de Savoie et la lettre du Bâtard de Savoie à Montmorency. Bibl nat., ms. fr. 2987, fol. 47.

cette unité, cette clarté nécessaire que nous y avons cherchées en vain.

Cette réforme devait avoir aussi une autre conséquence : les trésoriers de France et les généraux des finances, qui disposaient des ressources du Trésor et dont le crédit personnel était indispensable dans les moments de détresse, étaient désormais annulés et le Conseil des finances supprimé. C'était la fin de cette oligarchie financière qui, depuis un demi-siècle, avait occupé les principales charges de l'État.

C'est à un résultat analogue que devait aboutir la commission du 17 janvier 1523. Créée pour la recherche des deniers qui restaient entre les mains des comptables, elle procédait à une liquidation favorable aux intérêts du Trésor, réduisant d'une façon plus ou moins régulière les dettes contractées par l'État pendant les années précédentes. Mais surtout, elle engageait des poursuites criminelles dont l'issue était plus radicale, avec les amendes et les confiscations. Il ne s'agissait plus seulement de la privation de leurs offices pour tous les gens de finances, pour Lallemant, Berthelot, de Poncher, Ruzé et bien d'autres, mais de condamnations où leur existence même était menacée, et le sort tragique de Semblançay, le plus illustre d'entre eux et le plus sévèrement châtié, marque l'anéantissement de cette puissance [1].

Quant au séquestre des biens du connétable de Bourbon, si la mesure était profitable, les résultats dépassèrent de beaucoup les prévisions de ceux qui l'avaient ordonnée. C'était la disparition du dernier des grands domaines féodaux, un progrès matériel et politique pour la royauté, mais c'étaient aussi les négociations du connétable dépouillé avec Charles-Quint, sa fuite et son entrée au service de l'Espagne, qui infligèrent au royaume une suite d'épreuves comme il n'en connaissait plus depuis un siècle.

Nous n'avions pas exagéré en disant que la crise financière de 1523 eut une répercussion très forte et très durable sur l'histoire de toute cette partie du XVIe siècle.

[1] M. Spont, dans son excellent travail sur Semblançay, a dit vraisemblablement le dernier mot sur cette affaire. Quant aux autres financiers, il existe un très grand nombre de documents sur les procédures dirigées contre eux, notamment aux Archives nationales : J 958, KK 338, et à la Bibliothèque nationale : Dupuy, 623. Ces procédures feront ultérieurement l'objet d'une étude plus approfondie de notre part.

VII

Les principaux travaux relatifs à l'administration financière dans le premier quart du XVIe siècle sont les suivants :

JACQUETON, *Documents relatifs à l'administration financière. 14? – 1523,* Paris, 1890, in-8°.

JACQUETON, *Le Trésor de l'Épargne sous François Ier,* dans la *Revue historique,* t. LV et LVI (1894).

SPONT, *Les impositions en Languedoc,* dans les *Annales du Midi,* 1890 et 1891.

SPONT. *Semblançay, la bourgeoisie financière au début du XVIe siècle,* Paris, 1895, in-8°.

Pour s'éclairer sur les difficultés soulevées par l'étude du document que nous publions, on pourrait recourir à certains ouvrages anciens :

J. LE GRAND, *Instructions sur le faict des finances et chambre des comptes,* Paris, 1583, in-8°.

S. HARDY, *Guidon général des finances, avec les annotations de M. Vincent Gelée,* Paris, 1631, in-8°.

BOSQUET, *Dictionnaire raisonné des domaines et droits domaniaux,* Rouen, 1762, in-4°, 3 vol.

MOREAU DE BEAUMONT, *Traité des impositions,* Paris, 1768, in-4°, 4 vol.

Encyclopédie méthodique, Finances, Paris, 1784-1787, in-4°, 3 vol.

Il existe un très grand nombre de pièces de comptabilité relatives à l'année 1523. Nous citons, lorsque l'occasion s'en présente, celles qui se rapportent particulièrement à l'*Etat des finances,* mais cela ne peut pas nous dispenser d'indiquer ici les principales séries de documents de cette nature. Ce sont les suivantes :

Bibliothèque nationale :

Ms. fr. 23269 : comptes de Jean Testu, trésorier et receveur général des finances de Languedoc. — Ms. fr. 25752 : comptes de bouche. — Ms. fr. 25787 et 25788 : montres de gens de guerre. — Ms. fr. 25932 : fouages. — Ms. fr. 25952 : quittances des Suisses. — Ms. fr. 26119 : quittances et pièces diverses. — Nouv. acquis. fr. 8617 : montres de gens de guerre.

Archives nationales :

KK 93 : comptes de l'Hôtel. — KK 97 : comptes de la Prévôté de l'Hôtel. — KK 98 : gages des officiers du roi — KK 99 : gages de la Prévôté de l'Hôtel. — KK 349 : pensions du roi d'Angleterre et de ses officiers.

Estat des finances du roy pour une année, commancée le premier jour de janvier mil cinq cens vingt deux et finissant le derrenier jour de décembre ensuyvant mil cinq cens vingt trois, non comprins ung million soixante mil cent quarante quatre livres dont a esté faicte recepte par l'estat de l'année précédente finye mil cinq cens vingt deux et prinse par anticipation aux termes de septembre et décembre derniers passez sur la taille de ceste présente année.

[Chapitre I.]

Et premièrement :

RECEPTE DE DOMMAYNES[1].

Languedoil dommaine[6].

Le dommayne de Languedoil monte par chacun an, rabatu fiefz et aulmosnes[2], gaiges d'officiers aussi Anjou, le Mayne, Beaufort[3] et Amboyse[4], monte XIII^{m} l.[5] par an, et autres terres que tient Madame mère du roy, et Ber-

[1] Les recettes du domaine, qui constituent les finances ordinaires, comprennent essentiellement les censives et rentes foncières, les fermes des greffes et sceaux, les lods et ventes, les reliefs, quint et requint, les revenus des fiefs vacants, les forfaitures et confiscations, les exploits, les ventes de bois et de grains appartenant au roi comme seigneur féodal, sans compter différents droits particuliers dont plusieurs font l'objet d'une mention dans le présent état.

[2] Les fiefs et aumônes sont des dons et legs assignés sur certains revenus à charge de service divin. Ils étaient payés, avant 1521, sur les fermages des greffes et sceaux des bailliages. Les greffes ayant été érigés en offices, la somme nécessaire au payement des fiefs et aumônes, soit 60,000 livres, fut rabattue sur les recettes.

[3] Donation du duché d'Anjou, des comtés du Maine et de Beaufort, à Louise de Savoie, le 4 février 1515. — Beaufort-en-Vallée, arr. de Baugé (Maine-et-Loire).

[4] Donation de la terre et seigneurie d'Amboise et du revenu de la chambre à sel, à Louise de Savoie, confirmée en janvier 1518.

[5] Les sommes indiquées dans cet état sont presque toujours exprimées en livres tournois. Exception faite des cas où nous rencontrons une mention contraire, tous les chiffres indiquent qu'il s'agit de monnaie tournois.

[6] Les recettes du domaine, ou ordinaires, constituent, suivant leurs origines

ry[1] que tient madame la duchesse d'Alençon pour IIm Vc l. t. selon les valleurs et estatz vériffiez, monte par an comprins IIIm l. t. pour les réparations aussi comprins les isles d'Olléron pour M l., quatre vingts dix mil sept cens soixante douze livres tournois, surquoy fault rabatre pour les venditions, engaigemens et greffes[2] expediez es années passées XVm IIIc LXX l. t., plus pour les autres alliénations faictes en lad. année derrenière de cinq cens vingt et deux par estimation VIIIm Vc IIIIxx XIIII l. t., ainsi reste pour faire recepte.................................... LXVIm VIIc VII l. t.

Fault recouvrer toutes les venditions qui ont esté faictes de ce règne en lad. charge et qui a receu les deniers et en quelle année pour en faire estat.

Les amendes de la court de Parlement à Bourdeaulx, par estimation.................................... Vc XXV l. t.

Normandye dommayne, comprins IIIm l., pour les réparations IIm l. t. pour Vallongnes, monte par chacun an selon l'es-

quatre comptes distincts : Languedoil, Normandie, Languedoc, Outre-Seine. Les recettes extraordinaires, tailles, aides et gabelles en constituent cinq, la généralité de Guyenne étant distincte des quatre autres. La Picardie, la Bourgogne, la Provence, la Bretagne, le Dauphiné ont des comptes distincts, où sont confondues recettes ordinaires et extraordinaires. Il y a ainsi quatorze comptes, auxquels président les trésoriers de France pour le domaine et les généraux des finances pour les finances extraordinaires et les provinces administrées à part. En marge de chaque recette est indiqué le compte auquel appartiendra la somme correspondante, et en marge de chaque dépense le compte sur lequel cette somme sera assignée. Parfois d'ailleurs, cette dernière mention est omise, ce qui indique que la dépense doit être répartie également entre les quatre généralités principales, ou qu'on ne sait sur quel compte l'imputer, faute de crédits disponibles. Théoriquement, l'équilibre doit être parfait pour chaque compte pris isolément. L'état général une fois terminé, on établissait d'ailleurs des extraits pour chacune des charges de trésorier et des généralités, extraits d'après lesquels le changeur du Trésor et les receveurs généraux levaient les décharges des parties qui y figuraient. La mention «extraordinaire», que nous rencontrons parfois, indique que la recette doit être affectée au compte spécial de l'extraordinaire, distinct des précédents.

[1] Donation du duché de Berry à Marguerite d'Angoulême, duchesse d'Alençon, sœur de François Ier, le 11 octobre 1517. Le revenu du duché de Berry était, en 1498, de 30,700 livres, dont 1,300 livres pour le domaine. Le revenu de 1523 devait être sensiblement supérieur, puisque le domaine, à lui seul, compte pour 2,500 livres.

[2] Le produit des greffes des juridictions royales constituait un revenu domanial qui pouvait être aliéné, soit en l'affermant, soit en le donnant à survivance.

Normandye dommaine.

tat arresté et vériffyé la somme de LXXVIII[m] II[c] L l. t., sur quoy fault rabatre pour les engaigemens du temps passé comme il est contenu en l'estat précédent deux mil cinq cens, livres. Item pour les fermes à cause des avances qui en ont esté tyrées VII[m] II[c] L l. t. et pour les précédens engaigemens II[m] VII[c] XX l. t. Plus pour les alliénacions faictes en l'année derrenière mil cinq cens vingt deux, II[m] IIII[c] l. et pour les fermes baillées par manière d'avance XV[c] XL l. t., qui est en somme toute XVI[m] V[c] X l. t., ainsi reste pour faire recepte . . . . LXI[m] VII[c] XL l. t.

Languedoc dommaine.

Languedoc, dommayne, par chacun an selon ce qui a esté veu par les estatz comprins III[m] l. pour les réparations et VI[c] l. pour la seigneurye d'Usson [1], monte par an LVI[m] l. t., dont fault rabatre VIII[m] l. pour la conté de Commainge [2] que tient monseigneur de Lautrec. Item pour les engaigemens du temps passé et greffes vendus XV[c] l. t. plus pour les autres engaigemens de l'année passée cinq cens vingt deux par estimation V[m] l. t. XL[m] l. t. par argent, reste cy dont se fera estat . . . . XLI[m] V[c] l. t.

Les admendes de la court de parlement de Tholoze . . . . . . II[m] l. t.

Oultre-Seyne dommaine.

Oultre-Seyne dommaine monte par chacun an par les estatz vériffiez comprins les duchez de Vallois [3], Nemours [4], Melun, Corbeil, Dourdan, Chateautyerry [5], Saincte-Manehoult, Passavant, Wassy [6], Sainct-Dizier et la garde de Verdun [7], aussi comprins IIII[m] V[c] l. t. pour les réparations, LXXVII[m] IX[c] XXXIII l. X s. t., dont fault rabatre pour les engaigemens de l'an mil cinq cens dix neuf XVII[c] XIII l. t. et pour les nouveaulx engaigemens faictz des greffes

(1) Usson-en-Forez, arr. de Montbrison (Loire).

(2) Le comté de Comminges, tenu par Odet de Foix, comte de Foix et de Comminges, seigneur de Lautrec et d'Orval, maréchal de France, 1485-1528.

(3) Donation du duché de Valois à Jeanne d'Orléans, comtesse de Taillebourg, le 28 décembre 1516.

(4) Le duché de Nemours, donné à Philiberte de Savoie, puis à sa sœur, Louise de Savoie, le 15 avril 1524.

(5) La seigneurie de Château-Thierry donnée à Robert III de La Marck, seigneur de Florange, maréchal de France, mort en 1537.

(6) Donation des seigneuries de Sainte-Menehould, Passavant et Wassy à Jean d'Albret, seigneur d'Orval, gouverneur de Champagne, en avril 1515. — Passavant, arr. de Sainte-Menehould (Marne).

(7) Les habitants de Verdun payaient un droit annuel de 500 livres pour la garde de la ville. Ce droit était abandonné à Robert, seigneur de Malbert, dit Malberg, chargé de ce soin.

venduz et autre dommaine es années mil cinq cens vingt et vingt et ung, montans lesd. venditions ix^{m} ix^{c} xlii l. t. dont en est venu en argent iiii^{xx} xix^{m} ii^{c} xxv l. t., reste lxvi^{m} ii^{c} lxxviii l. t., et pour les nouveaulx engaigemens de dommaines de greffes, fermes et autres choses se montent par estimation, sur ce fault rabatre. en ce comprins ce qui a esté baillé aux héritiers feu monseigneur de Myncy estimé ii^{m} vii^{c} l. et xvii^{c} xiii l. t. pour estaulx de la boucherye de Beauvais[1], ix^{m} iii^{c} lxxv l. t., ainsi reste dont fault faire recepte. . . . . lvi^{m} ix^{c} iii l. t.

Oultre-Seyne dommaine. Les admendes de la court de parlement de Paris pour l'année de ce présent estat pourront monter par estimation. . . . . ii^{m} v^{c} l. t.

Extraordinaire. La vente des boys qui se fera en ceste présente année pourra monter par estimation, cest article sera pour convertyr à l'extraordinaire.

Picardye. Picardye dommayne, non comprins Mortaigne[2], selon les estatz vériffiez comprins xi^{c} l. t. pour les réparations xiii^{m} ix^{c} xxvi l., dont fault rabatre xi^{c} vii l. viii s. pour les venditions dud. dommayne faictes à deux foys, reste cy. . . . . xi^{m} vii^{c} xviii l. xii s. t.

Bourgongne. Bourgongne monte par an selon les estatz veuz et arrestez xx^{m} viii l. dont fault rabatre xv^{c} l. t. pour les venditions faictes dud. dommaine, reste xviii^{m} v^{c} viii l. t., pour les venditions de l'année cinq cens vingt deux montans iiii^{c} xxx l. par estimation pour la somme de iii^{m} ii^{c} iiii^{xx} l. que le receveur général de Bourgongne a receu, ainsi reste dont fault faire recepte en ceste présente année. xviii^{m} xxxviii l.

Les admendes de la court de parlement à Dijon, néant, pour ce que monseigneur de Ruffey[3] les prend par don du roy.

(1) La boucherie de Beauvais était située près de la Grande rue Saint-Honoré, à la hauteur de la rue Tirechappe, entre la halle au blé et la halle aux draps. Au mois d'octobre 1522, on avait vendu à la ville de Paris, moyennant 200,000 livres, les fermes de la grande boucherie de Beauvais, du pied fourché, du 8e sur le vin au détail et de l'impôt sur le vin en gros.

(2) Donation de la seigneurie de Mortagne à François de Bourbon, comte de Saint-Pol, en février 1519. — Mortagne, arr. de Valenciennes (Nord), bailliage de Tournay.

(3) Girard de Vienne, seigneur de Ruffey, chevalier d'honneur du parlement de Dijon, recevait cette donation, se montant à 500 livres, depuis le 13 mars 1516.

Dauphiné

Daulphiné, dommaine, comprins les IIIIm ducatz de Brianconnoys[1], monte par chacun an XLIXm IXc XXXIIII l. t. comprins M l. pour les amendes dont fault rabatre pour le dommaine engaigé des années vc XX et XXI la somme de vm vc IIIIxx XI l. qui ont esté vendues pour le prys de IIIIxx IIIm VIIc XX l. et pour le dommaine engaigé en l'année vc XXII IIc l. t. pour la vendition de la seigneurye des Vaulx[2] et de fermes en diminution, lesquelles se verront pour les vériffyer, aussi fault rabatre pour Voiron[3] vc l. t. et pour la chastellenye Sainct-Estienne[4] IIIc l. t., ainsi reste à faire recepte........................ XLIIm IIc IIIIxx XIII l. t.

Prouvence dommayne, comprins les greniers de Berre[5] et vieilles gabelles que prend la maison de Bourbon en rachapt d'un tiers de cent mil escuz soleil par engaigement de mariaige à cause de feue Madame[6], montant IIIm VIIc l. t. par an, et la seigneurye de Vaulx[7] pour VIc l. et la viconté de Martaigue[8] IIm vc l., aussi le revenu de la table de la mer de Marseille[9] dont le roy a faict don

(1) Il s'agit de la composition de Briançonnais, se montant à 4,000 ducats payables à la Chandeleur. Ce revenu était abandonné depuis le 12 octobre 1519 à G. Gouffier, seigneur de Bonnivet, gouverneur du Dauphiné, amiral de France. Il est inscrit plus bas (ch. III des dépenses) pour une pension de 8,098 l. 11 s. qui équivaut à ces 4,000 ducats. — Louis XII avait fait frapper des ducats dans plusieurs ateliers d'Italie. Venise, Florence, l'Espagne en faisaient également frapper. On ne sait desquels il peut s'agir ici. Leur valeur serait légèrement supérieure à 40 sous, mais l'équivalence ne peut être rigoureusement déterminée dans le cas présent, par suite de l'intervention du change, dont les frais sont toujours compris dans les sommes indiquées.

(2) Les Vaulx-en-Velin, arr. de Lyon (Rhône).

(3) Arr. de Grenoble (Isère).

(4) Saint-Étienne de Saint-Geoirs, arr. de Saint-Marcellin (Isère).

(5) Les greniers à sel de Berre, possédés primitivement par René d'Anjou, roi de Sicile, avaient été abandonnés par lui à Jean de Bourbon, comme restitution de la dot de Marie de Bourbon, belle-fille du roi René, par transaction du 9 janvier 1478. Les greniers représentaient le tiers de la somme de 100,000 écus, somme à laquelle s'élevait le total de la restitution. Le roi René conservait la faculté de reprendre les greniers moyennant le payement de ce tiers. Le roi de France possédait lui-même ce droit comme héritier de la maison d'Anjou.

(6) Il s'agit de Marie de Bourbon, fille du duc Charles Ier, femme de Jean d'Anjou, duc de Calabre, morte en 1448.

(7) Sans doute la seigneurie des Baux, arr. d'Arles (Bouches-du-Rhône).

(8) Vicomté de Martigues, arr. d'Aix (Bouches-du-Rhône).

(9) Droit domanial perçu par les comtes de Provence sur les marchandises entrant à Marseille ou en sortant. Ce droit avait été affermé en 1520, à raison de 1,025 livres par an.

aux habitans dud. Marseille pour la réparation de leur port, et rabatu les charges ordinaires et fraitz d'icelle charge montant xvii^m cxxii l., sur ce fault rabatre les venditions et engagemens dud. dommaine qui a esté faict ès années v^c xx, xxi et xxii montant xi^c lxxv l iii s. qui a esté vériffyé par le menu au bureau sur l'estat envoyé des gens des comptes dont en a esté receu la somme de xi^m ix^c li l., ainsi reste à faire recepte. . . . . xv^m ix^c xlvi l. t.

Provence. Les admendes de la court de parlement dudict Provence en sera cy faict recepte par estimation de. . . . . m l. t.

Languedoc. Les deniers des boettes de toutes les monnoyes [1] de ce royaulme en sera cy faict recepte pour ceste année présente de. . . . . iii^m iii^c l. t.

Bretaigne. Bretaigne, dommaine, pour une année, comprins ce que tenoit feu monseigneur le prince d'Orenge [2] montant vi^m l., monte la somme de . . . . xxx^m l. t.

Bretaigne. Le revenu du sceau de la chancellerye de Bretaigne par estimation monte. . . . . vi^c l l. t.

Extraordinaire. La vendition des boys en la charge de Normandye en ceste présente année sera pour la fonte de l'artillerye et pour l'extraordinaire.

Extraordinaire. La vente des boys en la charge de Languedoil pourra monter, selon l'estat qui en sera arresté, servira pour la fonte d'artillerye qui se faict à Tours et pour l'extraordinaire.

Somme total de ce chapitre . . . . iii^c liii^m ix^c xx l. t.

Languedoil dommaine. Il a esté employé en l'estat de Languedoil dommayne pour les boys venduz en extraordinaire pour xii^m l. qui ont esté ordonnées pour la maison de monseigneur le Daulphin [3].

Languedoil dommaine. Plus a esté employé aud. estat la vente extraordinaire faicte à Loches de iii^m ii^c l. t. pour employer à Chambourg [4], iii^m l. et ii^c l. t. au chasteau de Loches.

(1) Après la frappe des monnaies, une pièce, servant d'échantillon pour chaque lot, était mise dans une boîte scellée et envoyée à Paris, où elle était examinée et jugée par la Cour des Monnaies.

(2) Jean II, prince d'Orange, fils de Guillaume VII et de Catherine de Bretagne, mort en 1502. Cette pension de 6,000 livres lui était déjà servie par les ducs de Bretagne.

(3) François, né le 28 février 1518, duc de Bretagne depuis 1532, mort le 10 août 1536.

(4) Château de Chambord, dont les travaux étaient commencés depuis 1519.

[Chapitre II.]

GRENIERS, TIRAIGES, FERMES ET AUTRES PARTYES DE SEL[1].

Prouvence. Le tiraige[2] de la part de Prouvence rabatu mil florins[3] pour Saincte-Marthe[4] par chacun an monte xv^m vii^c xx l., dont fault rabatre vii^c xx l. à cause que la derrenière ferme a esté diminuée au derrenier bail ainsi que se verra par led. bail, cy reste .... xv^m l. t.

Prouvence. La creue du sel myse à cause du parlement, chambre des comptes et justice[5], monte selon l'estat vériffyé la somme de vii^m viii^c l. t. pour une année, cy pour troys quartiers montant v^m vi^c xxv l. t., à cause que la creue n'a esté myse que en mars .... v^m vi^c xxv l. t.

Languedoil généralité. Le quart du sel de Poictou[6] monte par chacun an par estimation xx^m l., cy pour une année.............. xx^m l. t.

La creue mise sur led. quart de sel à cause du parlement de Bourdeaulx et de la Justice monte pour ung viiie qui

[1] Les finances extraordinaires comprennent les gabelles, les aides et les tailles, qui font l'objet des chapitres II, III et IV. La recette des gabelles consistait essentiellement dans la perception du droit de gabelle proprement dit, des crues et des amendes; mais ce mode de perception n'était en usage que dans les provinces où existaient des greniers. Dans les autres, l'impôt sur le sel était levé sous forme de droits variés dont quelques-uns sont mentionnés dans le présent état.

[2] La fourniture du sel aux provinces du Sud-Est : Dauphiné, Provence Comtat-Venaissin, principauté d'Orange, Valentinois, Savoie, Bresse, Génevois, d'une part, Velay, Vivarais, Gévaudan, Forez, Beaujolais, Lyonnais, Roannais, Mâconnais, d'autre part, était affermée sous le nom de *tirage du sel*. Les fermiers, chargés du transport, qui se faisait sur le Rhône et ses affluents, et de la vente, se fournissaient aux salines de La Vernède et de N.-D. de la Mer (auj. Saintes-Maries) pour le premier groupe, et à Peccais pour le second. Le prix de vente du sel était fixé par le général des finances du Languedoc, visiteur des gabelles.

[3] L'usage du florin persista longtemps dans les comptes de la trésorerie en Dauphiné et en Provence. Il valait 12 s. t. La somme de 1,000 florins équivaut donc à 600 l. t.

[4] Il s'agit sans doute de la collégiale Sainte-Marthe de Tarascon.

[5] Les lettres patentes du 5 février 1523 avaient imposé une crue de 15 livres par muid de sel, pour le payement des gages des officiers du Parlement, de la Chambre des Comptes et de la Justice des Aides.

[6] Droit perçu dans certaines provinces de l'ouest en remplacement du droit de gabelle proprement dit. Ce droit s'élevait au quart du prix de la vente faite directement par le saunier aux habitants.

est la moictyé montant x^m l., dont en fault rabatre pour dix moys VIII^m III^c XXXIII l. t. . . . . VIII^m III^c XXXIII l. t.

Languedoil généralité.

Les greniers de la généralité de Languedoil pour une année commençant le premier jour de janvier mil cinq cens vingt deux et finissant en décembre ensuyvant mil cinq cens vingt troys comprins ceulx de Nyvernois dont est faicte despence cy après et sans ceulx d'Angers, Saulmur et Le Mans que tient Madame mère du roy qui vallent IIII^m VII^c XX l., aussi les greniers de Bourges, Yssouldun, Vierzon, Selles[1], Buzançoys[2] et Sancerre que tient madame la duchesse de Berry qui sont rabatuz de la recepte et pareillement ceulx qui se preignent par apanaige selon la veriffication qui en a esté faite ès années passées, montant par chacun an XXVII^m VI^c LXIX l., rabatu les venditions de la chambre à sel de Neufvyz[3] et la rente de monseigneur Chandenier[4], cy. . . . . XXVII^m VI^c LXIX l. t.

Languedoil généralité.

La creue pour les parlemens et justices montans selon l'estat et département XII^m VIII^c LXVIII l., cy pour dix moys . . . . X^m VII^c XXIII l.

Oultre-Seyne généralité.

Les greniers à sel de la charge d'Oultre-Seyne montans pour lad. année commençant en janvier en ce comprins le grenier de Dreux CXIII^m CIX l. ainsi qu'il a esté vériffyé par les valleurs des années passées sauf à veoir la valleur de l'année passée au vray, pour ce cy . . . . CXIII^m CIX l. t.

Oultre-Seyne généralité.

La creue mise à cause du parlement, chambre des comptes et autre justice monte en ceste charge pro rata des autres charges XLIII^m II^c XIX l., cy pour dix mois. . . . . XXXVI^m ls.

Normandye généralité.

Les greniers à sel en la charge de Normandye pour lad. année commançant en janvier monte selon les vériffications des valleurs des années passées XXXII^m VIII^c LIX l., cy lad. somme de. . . . . XXXII^m VIII^c LIX l. t.

Normandye généralité.

La creue pour le parlement, généraulx de la justice des aydes en ceste charge montant XX l. t., par an, cy pour dix moys comme ès autres charges. . . . . XVI^m VI^c LXV l. t.

[1] Arr. de Romorantin (Loir-et-Cher).

[2] Buzançais, arr. de Châteauroux (Indre)

[3] Donnée à Semblançay par François Ier. — Neuvy-le-Roi, arr. de Tours (Indre-et-Loire). — Le *Catalogue des actes de François Ier* identifie à tort Neufvyz avec Neuville (Indre-et-Loire), où il n'a jamais existé de chambre à sel.

[4] François de Rochechouart, seigneur de Champdeniers, premier chambellan, sénéchal de Toulouse, gouverneur de La Rochelle, mort en 1530.

Languedoc généralité.

Les greniers du pays de Languedoc comprins les tyraiges montent pour lad. année commençant en janvier selon le dernier bail fait pour dix ans, rabatu IIIIm l. pour les fraiz de la charge et vm VIIc XL l. pour gaiges en finances, IIIIxx VIm vc XXV l. t., cy.................... IIIIxx VIm vc XXV l. t.

Languedoc généralité.

La creue pour le parlement, généraulx des aydes et de justice monte pour lad. charge la somme de XLVm IIIc l. t., cy pour dix moys la somme de.................. XXXVIIm VIIc l. t.

Picardye.

Les greniers de Pycardye pour lad. année commançant en janvier selon les valleurs vériffiez comme dessus montent.................................. VIIm XXXIII l. t.

Picardye.

La creue monte pour lad. charge selon la valleur et département desd. greniers IIIm vc XVI l., cy pour dix moys la somme de.............................. IIIm XII l. X s. t.

Bourgongne.

Les greniers de Bourgongne montent selon les valleurs vériffiez ès années passées, rabatu mil livres pour les fraiz de la charge, montent la somme de XXXIIIm VIIIc IIIIxx XVIII l. t., cy lad. somme de........ XXXIIIm VIIIc IIIIxx XVIII l. t.

Bourgongne.

La creue pour le parlement et justice dud. pays selon la valleur desd. greniers et l'estat qui en a esté arresté monte la somme de VIIIm IIIIc LXXIIII l., pour neuf moys commançant en avril monte VIm IIIc LVI l., si lad. partye ne se recouvre sur lesd. greniers se prandra sur l'octroy, pour ce cy............................ VIm IIIc LVI l. t.

Somme total dud. chappitre................. IIIc LXm vc LVII l. t.

[Chapitre III.]

Aydes, impositions et équivalens [1].

Les assises et VIIImes de Languedoil non comprins Angoulmois, Anjou, Le Maine et Saulmur que tient Madame mère du roy et la duché de Berry que tient madame la duchesse d'Alençon, qui peulvent valloir par an XLm VIIc

[1] On comprend sous le nom d'aides toutes sortes de droits perçus sur les denrées et objets de consommation ; le plus courant était le droit d'un sou pour livre sur les vins, le poisson, le bétail, le drap et le bois. Ils étaient remplacés dans certaines provinces par des impositions analogues : impôt d'un quart ou d'un huitième sur les vins, quatrième, huitième, etc. L'équivalent était un subside payé directement au roi en remplacement de ces taxes : ainsi, en Languedoc. L'équivalent désignait aussi parfois le subside destiné à remplacer la gabelle. Le produit des amendes s'ajoutait aux aides et équivalents.

IIIIxx XII l., montent pour lad. année commançant en janvier selon les derreniers valleurs veuees et arrestées aussi rabatu VIIIm l. t. pour les fraiz de la charge recouvrement des deniers, aussi les gaiges en finances en lad. charge et pour chacun des troys secrétaires en finances [1] IIIc XXII l. II s. VI d. t., dont fault rabatre VIc l. pour les engaigemens derrenièrement faictz en ceste charge en l'année Vc XXI, reste LVIIm Vc XXII l. rabatu IIIm l. dont le roy faict don par chacun an au seigneur de Sainblançay [2], cy........ LVIIm Vc XXII l. t.

Languedoil généralité.

L'équivalent en lad. charge monte pour lad. année non comprins Angoulmois, Anjou, Le Mayne et Saulmur qui monte XIIm IIIc XL l. t. selon les estatz veues, qui est une partye limitée comme taille qui ne croist ne dyminue, IIIIxx XIIIm VIIIc XXXVII l. t. rabatu Guyenne, cy. IIIIxx XIIIm VIIIc XXXVII l.

Languedoil généralité.

L'équivalent de Guyenne montant XIIIm IIIc LXXV l. dont fault rabatre pour gaiges en finances la somme de IIm IXc l. t., reste cy........ Xm Vc LXXV l. t.

Guyenne généralité.

La creue du pont de Scé [3], la traicte des vins d'Anjou et imposition foraine aud. pays, la traicte de Thouars [4], pour ce que Madame en joist, n'est cy faict recepte ne despence, pour cecy........ Néant.

(1) Florimond Robertet, seigneur d'Alluyes, trésorier de Normandie, mort en 1527, Thierry Fouet, dit Dorne, seigneur de Raiz, et Jean Breton, seigneur de Villandry. Tous les trois sont également inscrits à l'état F (2e partie) pour une pension de 1,000 livres.

(2) Jacques de Beaune, seigneur de Semblançay, chargé depuis 1518 de la direction supérieure des finances, pendu en 1527. Voir Spont, *Semblançay*... Semblançay était inscrit à l'état F des pensions pour une pension de 2,000 livres. Le cumul est évident, bien que l'*État des finances* ne le fasse pas ressortir. Des cas semblables sont fréquents : c'est une des fautes de méthode les plus évidentes qu'on y relève.

(3) Le sel venant des salines de Bretagne, Poitou et Saintonge à destination des provinces du centre et passant par la Loire, était mesuré aux Ponts-de-Cé, où on acquittait la crue, qui était anciennement de 60 sols par muid de sel.

(4) On comprend sous le nom de traite foraine les droits d'imposition foraine, de grève et de haut-passage, taxes imposées sur les denrées et marchandises transportées hors du royaume ou hors des provinces où les aides ont cours. L'imposition foraine était spécialement faite pour tenir lieu des aides qui auraient été perçues si les marchandises avaient été consommées sur place; son taux était le même : 1 sol pour livre de la valeur de ces marchandises. Les traites d'Anjou, de Thouars et de Beaumont s'appliquaient aux denrées destinées à la Bretagne. La traite d'Anjou avait fait l'objet du règlement du 6 avril 1519.

Languedoil généralité.	Les troys pars de la traicte de La Rochelle estimez à VII^{m} V^{e} l. pour la part du roy et l'autre quarte partye est à ceulx de la ville par le don et octroy que le roy leur en a faict, pour cecy	VII^{m} V^{c}. l. t.
Languedoc généralité.	L'équivalent de Languedoc pour lad. année sur la plus grande somme pour ce que le reste dudict équivalent est joint et converty avec l'ayde et octroy d'icelluy pays ou lieu de la taille, pour ce cy	LXIX^{m} VIII^{c} L l. t.
Oultre-Seyne généralité.	L'équivalent en la charge d'Oultre-Seyne monte pour lad. année selon la vériffication précédente XVI^{m} VIII^{c} XXXVII l. t., cy	XVI^{m} VIII^{c} L l. t.
Oultre-Seyne généralité.	Les aydes d'icelle charge montent pour lad. année selon la vérifflcation qui en ont esté faictes par les baulx des années passées, rabatu gaiges en finances et IIII^{m} l. pour les fraiz de la charge IX^{xx} XV^{m} C l., sur quoy fault rabatre la ferme du pied fourché[1], la ferme saint Laurens[2], le VIIIme de grève[3], estimez à XVII^{m} l. baillez à la ville de Paris pour engaigement et vendition à reméré pour la somme de cent mil escuz soleil[4], plus fault rabatre la ferme des draps venduz en gros[5] en lad. ville que le roy leur a donné pour ayder au payement des gens de pied, XVIII^{c} LXXV l. à la ville de Troys, M l. à eulx venduz pour XL^{m} l., ainsi reste à faire recepte..............	VIII^{xx} XV^{m} II^{c} XXV l.
Oultre-Saine.	La composition de Retheloys[6] monte pour lad. année IIII^{m} VII^{c} L l. t., cy...............................	IIII^{m} VII^{c} L l. t.
Oultre-Saine généralité.	L'imposition foraine de Champaigne monte par estimation pour lad. année VII^{m} VI^{c} LXVI l., cy................	VII^{m} VI^{c} LXVI l. t.
Normandye généralité.	Les aydes IIIIes et quart du sel en Normandye[7] montant selon les valleurs des années passées, rabatu gaiges en	

(1) Aide sur le bétail à pied fourché perçue à Paris.

(2) Ferme comprenant les trois taxes suivantes perçues à la foire Saint-Laurent, 1 sou pour livre sur le bétail et sur le vin en gros et huitième du vin vendu au détail.

(3) Droit du huitième sur le vin, qui était déchargé à la place de Grève, à Paris.

(4) Voir plus haut, chapitre Ier.

(5) Aide d'un sou pour livre sur le drap vendu en gros à Paris.

(6) Somme fixe payée par quelques provinces, Rethelois, Artois, pour le rachat des aides.

(7) En Basse-Normandie, la gabelle était, comme en Poitou, remplacée par une taxe d'un quart sur les ventes de sel blanc fabriqué dans la province. Cette taxe, en raison de sa nature, pouvait être assimilée soit aux droits de gabelle, soit aux aides.

finances et quatre mil troys cens livres pour les fraiz de la charge pour lad. année commançant le premier jour de janvier, cy........................ IIII^{xx} XIX^{m} VI^{c} IIII^{xx} XVII l.

Languedoc généralité. Les assises huitièmes aydes et équivalens de Lyonnoys, Forest et Beaujollois vériffiez par les esleuz montent pour lad. année, cy......................... XXII^{m} III^{c} XXX ls.

Picardye. Les aydes de Picardye montent pour lad. année rabatu M l. pour les fraiz de la charge et gaiges en finances, aussi les non valloirs pour la guerre, la somme de XI^{m} VII^{c} IIII^{xx} II l., cy lad. somme.................... XI^{m} VII^{c} IIII^{xx} II l. t.

Picardye. Les impositions de Péronne montent pour lad. année VIII^{c} XVIII l. t., cy.......................... VIII^{c} XVIII l. t.

Picardye. La composition d'Arthois monte pour lad. année XIIII^{m} III^{c} IIII^{xx} VI l., cy......................... XIIII^{m} III^{c} IIII^{xx} VI l. t.

Bourgongne. Les aydes d'Auxerre, Masconnois et Bar-sur-Seine montent pour lad. année la somme de VIII^{m} II^{c} XLIII l., cy..... VIII^{m} II^{c} XLIII l. t.

De l'antrée des draps de soye à Lyon[1] n'est cy faicte aucune recepte pour ce que la ferme a esté baillée à longues années et les deniers advancés pour les affaires extraordinaires de la guerre ainsi qu'il appert par le bail, pour ce cy........................... Néant.

Bretaigne. La prévosté de Nantes[2] pour une année comprins le quartier d'octobre, novembre et décembre de l'année prochaine M V^{c} XXIII monte XXVIII^{m} VIII^{c} l. t., cy......... XXVIII^{m} VIII^{c} l. t.

(1) Les draps d'or, de soie, d'argent, etc., importés d'Italie ou d'Espagne, ne pouvaient entrer que par Lyon, où ils étaient soumis à un droit de douane. La perception de ce droit avait été affermée en 1515 pour huit années à une société de marchands lucquois et florentins. Le bail devait avoir été renouvelé en 1523.

(2) Le régime fiscal du duché de Bretagne ne subit aucune transformation lorsque les rois de France en eurent pris possession. Les revenus domaniaux y étaient les mêmes que ceux des autres provinces, la gabelle n'y avait pas été établie, les aides n'y avaient pas cours, mais nous allons rencontrer ici un certain nombre de taxes qui en tenaient lieu. Quant aux tailles, elles étaient représentées par le fouage que nous trouvons au chapitre IV. On comprenait, sous le titre de prévôté de Nantes, plusieurs taxes levées primitivement, dans la partie de Nantes qui appartenait au domaine des ducs, sur les marchandises entrant ou sortant par mer. Au XVIe siècle, cette taxe était perçue sur toutes les rives de la Loire, depuis Nantes jusqu'à la mer. On mentionne le quartier d'octobre-décembre pour rappeler que ces comptes sont établis suivant l'usage de France, la comptabilité de Bretagne partant du 1er octobre de chaque année.

Bretaigne. Les havres[1] de Vennes[2], Cornuaille[3], Léon[4], Treguyer[5] et Saint-Brieu pour lad. année comprins le quartier d'octobre comme dessus montent XXIXm IIc LX l. t., cy . . . . XXIXm IIc LX l. t.

Bretaigne. Les brieufz[6] montent pour lad. année comprins le quartier d'octobre comme dessus VIm CXXV l., cy . . . . VIm CXXV l.

Bretaigne. Les seicheryes de Cornuaille[7] montent pour lad. année comprins le quartier d'octobre IIm IIIc XL l., cy . . . . IIm IIIc XL l. t.

Bretaigne. Les traistes des bestes vives[8] pour lad. année comprins le quartier d'octobre XVIIIc VI l. XVI s. t., cy . . . . XVIIIc VI l. XVI s.

L'impost du vin, cydres et autres buvraiges[9] rabatu IXc l. pour les gaiges des receveurs, aussi les gaiges en finances, XIIc l. pour les fraictz de la d.charge, IIIc l. pour l'assemblée des estatz du pays comprins led. quartier d'octobre LXIXm VIc L l. t., cy . . . . LXIXm VIc L l. t.

Bretaigne. Les aydes des villes non contribuables au fouaige[10] montent pour lad. année non comprins les dons et affranchissemens faitz à aucunes desd. villes et rabatu IIc XL l. pour les gaiges du receveur comprins led. quartier d'octobre montent cy . . . . IIIm VIIIc LVIII l. t.

Bretaigne. Les billotz des villes dudict pays de Bretaigne montent pour lad. année comprins led. quartier d'octobre la somme de XXIXm VIIc l. t., cy . . . . XXIXm VIIc l. t.

(1) Droit d'ancrage dans les ports.

(2) Vannes.

(3) Quimper, désigné parfois sous le nom de Cornouailles.

(4) Saint-Pol-de-Léon, arr. de Lannion (Côtes-du-Nord).

(5) Arr. de Morlaix (Finistère).

(6) Brefs de sûreté, en vertu desquels les navires étrangers à la province échappaient au droit de bris et d'épaves, étaient autorisés à s'approvisionner, à prendre un pilote, etc. Les brieux étaient délivrés au départ des navires, par des bureaux établis à Bordeaux et La Rochelle.

(7) Droit perçu sur les pêcheurs qui font sécher du poisson sur les côtes.

(8) Droit sur l'exportation du bétail vivant,

(9) Plusieurs droits étaient établis sur les boissons : un droit de 8 s. par pipe de vin entrant par terre et le droit de billot, dont il est question plus bas, s'élevant à un vingtième du prix des boissons perçu sur la vente au détail. Le billot qui, primitivement, appartenait aux villes, fut ensuite levé par les ducs.

(10) 31 villes de Bretagne, exemptes de fouage, payaient en remplacement un subside nommé aide. Le produit en avait sensiblement diminué depuis 1482, où il était de 11,000 l. Cet impôt n'avait que le nom de commun avec les aides véritables. Il aurait dû figurer au chapitre suivant.

Pour la creue des gens des comptes dud. pays se prandra ainsi que les années passées et ne viendra point à charge de ce présent estat.

Somme de ce chappitre aydes et impositions...... vi^{c}lxxii^{m}vii^{c}lvii l. t.

[Chapitre IV.]

TAILLES ET OCTROYS [1].

Prouvence.

L'ayde de Prouvence à raison de quinze florins pour feu monte comprins v^{c} l. pour Tarascon [2] dont est faicte despense cy après xxiiii^{m}iii^{c}l l. t., cy lad. somme de... xxiiii^{m}iii^{c}l l. t.

Languedoil généralite.

La taille de Languedoil pour lad. année à raison de deux millions quatre cens mil livres monte viii^{c}xxix^{m}iii^{c}lxxi l. xviii s. vi d. t. dont fault rabatre l'anticipation prinse pour servir en l'année v^{c}xxii montant iii^{c} lxvi^{m} xix l. t., ainsi reste la somme de iiii^{c} lxiii^{m} iii^{c} lii l. t., cy lad. somme de .... iiii^{c} lxiii^{m} iii^{c} lii l. t.

Languedoil généralité.

Plus est cy faict recepte sur l'année prochaine à prandre par anticipation de........................ . iii^{c}lxvi^{m}xix. l. t.

Languedoil généralité.

La creue de vi^{cm} l. en lad. généralité de Languedoil payable en janvier et mars monte ii^{c}vii^{m}iii^{c}xlii l. xix s. vii d. t. dont fault rabatre pour les receptes par pactes iiii^{c}lxiiii l xii s. iiii d. t., reste cy .... ii^{c}vi^{m} viii^{c} lxxviii l. vii s. iii d.

Languedoil généralité.

En lad. généralité se fera recepte de la somme de iiii^{xx} v^{m} vi^{c}lxx l. xvi s. pour partye de deux cens soixante troys mil cinq cens douze livres tournois qui ont esté mys sus pour les fortiffications des frontières du royaulme, cy.. .... iiii^{xx} v^{m} vi^{c}lxx l. xvi^{s} t.

Guyenne généralité.

La généralité de Guienne doibt porter pour le principal de la taille de ii millions iiii^{m} l. t. [3] la somme de ii^{c} xxxv^{m} vii^{c} li l. xvi s. x d. t., dont fault rabatre cent quatre mil quarante livres tournois pour l'anticippation de l'année passée v^{c}xxii, reste cy....... .... vi^{xx}xi^{m} vii^{c}xi l. t.

[1] La taille, impôt direct, était perçue d'après des méthodes qui variaient avec les provinces. Dans plusieurs d'entre elles, ainsi en Provence et en Dauphiné, elle était remplacée par un subside nommé équivalent ou aide. L'octroi était un subside payé par les villes affranchies de la taille.

[2] Le produit de la taille de Tarascon était abandonné à la ville (voir chapitre II des dépenses). Mais le chiffre de 540 l. qui y est inscrit ne concorde pas avec la somme portée ici en recette.

[3] Lisez : ii millions iiii^{cm} l. t.

Guyenne généralité.

Plus par anticipation de l'année prochaine la somme de CIIII^{m} XLI l., cy .... [1] IIII^{m} XLI l. t.

Guyenne généralité.

Lad. généralité doibt porter à cause de la creue desd. VI^{cm} l. pour sa portion la somme de LVIII^{m} IX^{c} XXXVII l. XIX s. II d. dont fault rabatre pour les pays qui sont à pacte II^{m} V^{c} XXIII l. I s. V d. ob., ainsi reste cy.. LVI^{m} III^{c} XIIII l. XVI s. IX d.

Guyenne généralité.

Lad. généralité doibt porter à cause des fortiffications de Guyenne la somme de XXIII^{m} III^{c} XXIX l. IIII s., cy. XXIII^{m} III^{c} XXIX l. IIII s.

Normandye généralité.

La généralité de Normandye doibt porter pour sa portion de lad. taille montant VI^{c} IIII^{xx} VI^{m} II^{c} LXXII l. rabatu ce qui a esté prins par anticippation II^{c} LX^{m} V^{c} LXIIII l. t., reste la somme de III^{c} XXV^{m} V^{c} VII l. t., cy lad. somme de.... III^{c} XXV^{m} VII^{c} VIII l. t.

Normandye généralité.

Item doibt porter lad. généralité sa portion de l'anticipation montant II^{c} LX^{m} V^{c} LXIIII, cy lad. somme de..... II^{c} LX^{m} V^{c} LXIIII l.

Normandye généralité.

Lad. généralité de Normandye doibt porter pour sa portion de lad. creue montans VII^{xx} VI^{m} V^{c} LXVIII l. t., cy. VII^{xx} VI^{m} V^{c} LXVIII l.

Normandye généralité.

Item doibt porter lad. généralité sa portion des fortiffications des frontières du royaume pour partye de II^{c} LXI^{m} l. la somme de LXI^{m} LXVIII l., cy.................... LXI^{m} LXVIII l.

Oultre-Seyne généralité

La généralité d'Oultre-Seyne doibt porter pour sa portion de lad. taille III^{c} IIII^{xx} IX^{m} II^{c} XVI l. dont fault rabatre pour l'anticippation VIII^{xx} XII^{m} IX^{c} IIII^{xx} IIII l., ainsi reste.... II^{c} XVI^{m} II^{c} XXXII l.

Oultre-Seyne généralité.

Item doibt porter lad. généralité pour sa portion de lad. anticippation la somme de VIII^{xx} XII^{m} IX^{c} IIII^{xx} IIII l., cy. VIII^{xx} XII^{m} IX^{c} IIII^{xx} IIII l. t.

Oultre-Seyne généralité.

Plus sa portion de lad. creue la somme de IIII^{xx} XVII^{m} III^{c} IIII l., cy.................................. IIII^{xx} XVII^{m} III^{c} IIII l.

Oultre-Seyne généralité.

Plus doibt porter lad. généralité pour sa portion des réparations des frontières la somme de XL^{m} VII^{c} XXIII l., cy..... XL^{m} VII^{c} XXIII l.

Languedoc généralité.

La généralité de Languedoc, Lyonnoys, Forestz et Beaujollois doibt porter pour sa portion de lad. taille III^{c} VI^{m} CXVI l. dont fault rabatre l'anticippation montant VI^{xx} XVI^{m} l., ainsi reste VIII^{xx} X^{m} CXVI l., cy.................... VIII^{xx} X^{m} CXVI l.

Languedoc généralité.

Item sa portion de lad. anticippation montant la somme de VI^{xx} XVI^{m} l. t., cy............................ VI^{xx} XVI^{m} l. t.

Languedoc généralité.

Item sa portion de lad. creue montant la somme de LXXVI^{m} V^{c} XXIX l., cy.......................... LXXVI^{m} V^{c} XXIX l.

Languedoc généralité

Plus doibt porter lad. généralité de Languedoc pour les réparations des frontières du royaulme la somme de XXXI^{m} VIII^{c} IIII^{xx} VI l. t., cy.................... XXXI^{m} VIII^{c} IIII^{xx} VI l.

[1] Il faut évidemment corriger : C IIII^{m} XLI l. t.

Picardye. La généralité de Picardye doibt porté pour sa portion de lad. taille la somme de XLVI^m II^c XXXIIII l. dont fault rabatre XX^m VI^c XXXVI l. t. pour l'anticipation, ainsi reste, cy . . . . XXVI^m VI^c IIII^xx XVIII l.

Picardye. Item doibt porter sa portion de lad. anticipation montant XX^m V^c XXXVI l., cy lad. somme . . . . XX^m V^c XXXVI l.

Picardye. Plus pour sa portion de lad. creue lad. somme de XI^m V^c LVI l., cy . . . . XI^m V^c LVI l. t.

Pyrardye. Item doibt porter lad. généralité de Picardye pour les réparations des frontières la somme de IIII^m VIII^c XXIIII l., cy . . . . IIII^m VIII^c XXIIII l.

Daulphiné. L'ayde du Dauphiné pour lad. année doibt porter la somme de XX^m l. t., cy . . . . XX^m l. t.

Bretaigne. Le fouaige [1] de Bretaigne pour le reste de lad. année à raison de VI l. monnoye [2] par feu monte II^c LXII^m IIII^xx l., dont fault rabatre VI^xx XI^m XL l. qui a esté prins et employé par le commandement du roy en ses affaires en l'année finye mil cinq cens vingt deux, ainsi reste la somme de VI^xx XI^m XL l. t., cy . . . . VI^xx XI^m XL l. t.

Bretaigne. Item est cy faicte recepte pour ayder à la conduicte de l'estat du roy du premier terme du fouaige de l'année prochayne à semblable raison de six livres monnoye par feu payable le premier jour de janvier mil cinq cens vingt deux, pour ce cy . . . . VI^xx XI^m XL l. t.

Bretaigne. Item des droictz de XII d. t. pour livre [3] pour lesd. deux termes rabatu ce que aucuns desd. receveurs des fouaiges en prennent pour leurs gaiges la somme de VIII^m VIII^c II l. t., cy . . . . VIII^m VIII^c II l. t.

Bourgongne. Bourgongne doibt porter pour les fortiffications dud. pays la somme de XVI^m l., cy . . . . XVI^m l. t.

Somme toute de ce chappitre desd. tailles et octroys . . . . IIII^millions V^c LXVI^m IX^c XLII l. t.

Somme totale de la recepte de ce présent estat . . . . . V^mons CLV^m CLXXVI l. t.

[1] Impôt direct analogue à la taille, perçu par feu. Les villes en étaient exemptes. Le produit n'en avait guère varié depuis un demi-siècle : il était de 276,829 l. en 1482.

[2] La livre «monnaie de Bretagne», ou par abréviation, livre monnaie, valait 1 l. 4 s. t.

[3] Outre le principal du fouage, il était perçu 1 s. par livre représentant les frais de perception.

CHARGES.

[Chapitre 1.]

Aulmosnes et fondations.

Languedoil généralité. Pour l'entretènement des bons hommes[1] du Plessis-lès-Tours[2] et d'Amboyse en actendant leur fondation la somme de M l. t., cy .... M l. t.

Oultre-Seyne dommayne. Le pain de chappitre de la Saincte-Chappelle de Paris VI^xx l. t., cy .... VI^xx l. t.

Plus l'entretènement des enffans de lad. chappelle et partye du luminaire IX^c l. comprins la creue de cent livres à cause de l'enchérissement dud. luminaire, cy........ IX^c ls.

Languedoil généralité. Plus la fundation des chanoynes du Plessis-lez-Tours[3] VI^c l. t., cy.............................. VI^c l.

Guyenne généralité. A seur Jehanne bastarde de Guyenne[4] pour son entretènement de vivre C l. t., cy .... C l. t.

Oultre-Seyne dommaine. Au trésorier des offrandes[5] pour convertyr au fait de son office la somme de VI^m l., cy................... VI^m l. t.

Daulphiné. Aux seurs de saincte Claire de Grenoble, Pinerol et autres religions du Daulphiné par roolle du général dud. pays C l. t., cy .... C l. t.

Prouvence. Aux religieulx et couvent de Sainct-Maxemyn de La Baulme[6] pour leur église en ensuivant le don des feuz roys de Cécille C l., cy....................... C l. t.

[1] Nom donné aux religieux de l'ordre des Minimes. Ceux du Plessis recevaient 700 l. et ceux d'Amboise 300 l.

[2] Commune de La Riche, arr. de Tours (Indre-et-Loire).

[3] Chanoines de l'église collégiale de Saint-Jean l'Évangéliste.

[4] Jeanne, fille de Charles de France, duc de Guyenne, frère de Louis XI. Elle était prieure de Saint-Pardoux-la-Rivière, arr. de Nontron (Dordogne).

[5] Le trésorier des offrandes était un des nombreux officiers comptables qui avaient leur caisse particulière, alimentée à la fois par des sommes inscrites à l'*État des finances* et par des recettes directes, non comprises dans le budget de l'État.

[6] Couvent de Dominicains fondé à Saint-Maximin par Charles II d'Anjou, roi de Sicile, pour conserver les reliques de sainte Madeleine, sainte Marthe et saint Lazare. La montagne voisine de Sainte-Baume avec la grotte de sainte Madeleine était un lieu de pèlerinage, où François Ier se rendit à plusieurs reprises. — Saint-Maximin, arr. de Brignoles (Var).

Prouvence.	Aux frères prescheurs d'Aix [1] pour la fondation d'une messe pour les feuz roys René et Charles d'Anjou II^{c} l. t., cy .	II^{c} l. t.
Prouvence	A eulx pour autre fondation ordonnée par le roy c l., cy.	c l. t.
Oultre-Seyne dommaine.	Aux filles repentyes de Paris [2] en don c l. t., cy........	c l. t.
Languedoc généralité.	A l'église Sainct-Claude [3] pour leur fondation III^{c} l. t. cy	III^{c} l. t.
Languedoil dommaine.	A ceulx du Saint-Esperit de Bayonne [4] c l., cy........	c l.
Daulphiné.	A l'église Notre-Dame d'Ambrun [5] pour une messe qu'ilz dient chacun jour à l'intention du roy III^{c} l., cy..	III^{c} l. t.
Languedoc généralité.	Aux célestins de Lyon pour une messe qu'ilz dient chacun jour à l'intention du roy depuys son advénement à la couronne	c l. t.
Bretaigne	Aux religieuses de la Magdeleine-lez-Orléans pour la fondation de Bretaigne [6] IX^{xx} XII l., cy	IX^{xx} XII l. t.
Bretaigne.	Aux cordeliers de Nantes [7] pour ung service qu'ilz célèbrent chacune sepmaine de l'an à l'intention du feu duc et de la feue duchesse pour leur ayder à vivre....	c l. t.
	Aux cordeliers de Clisson pour ung service qu'ilz célèbrent chacune sepmayne de l'an à l'intention du feu duc et de la feue duchesse..............................	c l. t.
	Aux cordeliers de Savenay pour deux services qu'ilz font chacune sepmayne de l'an............................	VI^{xx} l. t.
	Aux carmes de Bondon [8] près Vannes pour ung service qu'ilz célèbrent chacune sepmaine de l'an...........	LXXII l.

(1) Couvent des Dominicains d'Aix-en-Provence. Il s'agit du roi René d'Anjou, duc de Lorraine, comte de Provence, 1408-1480, et de Charles Ier d'Anjou, frère de saint Louis, roi de Naples et de Sicile, mort en 1285.

(2) Le couvent des filles repenties avait été édifié sous Louis XII entre la Grande-rue-Saint-Honoré, la rue de Grenelle-Saint-Honoré, la rue Coquillère et la rue d'Orléans. Catherine de Médicis le transporta rue Saint-Denis et fit bâtir sur son emplacement l'hôtel de Soissons.

(3) Abbaye bénédictine de Saint-Claude (Jura). La fondation consistait dans une rente de 300 l. pour une messe quotidienne dite aux intentions du roi.

(4) Collégiale du Saint-Esprit, près de Bayonne.

(5) Cathédrale d'Embrun. La pension de 300 l. était destinée au chapitre.

(6) Monastère de l'ordre de Fontevrault. On lui attribuait une rente sur la recette de Bretagne pour un service annuel institué à la mémoire du duc François par sa sœur Marie, abbesse de Fontevrault.

(7) Toutes ces donations avaient été faites par les ducs de Bretagne. Le roi de France ne faisait qu'assurer la perpétuité de ces fondations.

(8) Notre-Dame du Bondon, com. de Vannes (Morbihan).

Aux prieur et religieulx du couvent des carmes de Nantes tant pour deux cens livres tournois que le feu duc leur assigna à prandre sur la prévosté de Nantes que pour les services qu'ilz célèbrent pour la feue duchesse Marguerite [1] la somme de vᶜ LX l., cy lad. somme de..... vᶜ LX l. t.

Aux jacobins Notre-Dame-de-Bonnes-nouvelles de Rennes pour la fondation d'une messe que le feu duc a ordonné estre célébrée chacune sepmayue de l'an aud. couvent. LXX l.

A eulx pour deux messes que la feue royne [2] a ordonné estre dictes à son intention aud. couvent........... X l. t.

Aux doyen, chanoines et chappitre monseigneur sainct Pierre de Rennes [3] pour la fondation de ma dame Ysabeau.................................... IIᶜ XL l. t.

Aux doyen, chanoines et chappitre de Sainct-Brieu des Vaulx [4] pour la fondation du feu duc .... IXˣˣ l. t.

Aux abbé et couvent de Reddon [5] pour la fondation du feu duc François pénultième déceddé.............. IIᶜ XL l. t.

A eulx sur ce qui leur est deu pour ung calice d'or, et fault scavoir se qu'il valloit ce qu'ilz ont receu et ce qu'il reste..................................... LX l. t.

Aux chanoynes et chappitre de Treguyer [6] qu'ilz ont acoustumé prandre chacun an sur les portz et havres de Tréguyer et Sainct-Brieu....................... IIIᶜ IIIIˣˣ IIII l.

Aux prévost et huit chappellains de Nostre-Dame-de-Mur de Morletz [7] à prandre sur les havres dud. Tréguyer . IIᶜ XL l. t.

Aux chanoynes et chappitre de Nostre-Dame de Faulgouet [8] pour la fondation d'une messe à notte à dyacre et à soubz diacre que la feue royne a ordonné estre dicte chacune sepmaine de l'an à son intention en lad. église XXX l. monnoye par an, en actendant que on leur ayt acquis

(1) Il doit s'agir de la dernière duchesse de ce nom, Marguerite, fille de Gaston IV de Foix, deuxième femme du duc François II, morte en 1486.

(2) Anne de Bretagne.

(3) Cathédrale de Rennes. Il s'agit d'Isabelle, fille du duc François II, sœur d'Anne de Bretagne, morte en 1490.

(4) Cette appellation était usitée au moyen âge : Sanctus Briocus in Vallibus. Elle venait sans doute de la vallée où était situé le monastère qui a donné son nom à la ville.

(5) Abbaye de Bénédictins. — François II, duc de Bretagne, mort en 1488.

(6) Cathédrale Saint-Tugdual de Tréguier.

(7) Notre-Dame-du-Mur, à Morlaix, collégiale fondée par Jean II en 1295.

(8) Collégiale du Folgouet, arr. de Brest (Finistère).

ou baillé argent pour acquérir le revenu nécessaire pour lad. fondation, cy.......................... xxxvi l. t.

A eulx pour deux prébendes que lad. feue dame a fondées et augmentées de nouveau en lad. église au feur de xl l. monnoye par an pour chacune prébende, aussi en actendant qu'on leur ayt acquis ou baillé argent pour acquérir ce qui est nécessaire pour lad. fondation, cy.. iiii^xx xviii l.

Aux doyen, chanoines et chappitre de l'église monseigneur sainct Florentin d'Amboise [1] pour ung service qu'ilz célèbrent chacune sepmaine de l'an à l'intention de la feue royne et pour l'ame du feu roy Charles, cy..... c l. t.

A Mᵉ Durant Bézart, chappellain de lad. chappelle sainct Girard, fondée en l'église monseigneur sainct Pierre de Nantes [2] pour troys grandz messes à notte qu'il est tenu dire chacune sepmaine de l'an à l'intention du feu duc et pour l'aulmosne que led. chappellain est tenu de faire à l'yssue de chacune grand messe................ vi^xx l. t.

Oultre-Seyne dommaine. Aux frères et couvent des jacobins de Paris [3] sur le don que leur fist le daulphin Ymbert au bon plaisir du roy.................................... m l. t.

Dommaine Oultre-Seyne. Pour l'édiffice de la chappelle du boys de Vincennes [4]... ii^m l. t.

Picardye. A l'augustin de Tournay pour luy ayder à vivre........ xxx l. t.

Prouvence. Aux quatre couventz des ordres des mandians d'Aix, à chacun quinze florins pour une fondation du roy René [5]. xxxvi l.

Aux religieulx de Saint-Maxemyn pour la fondation d'une grand messe qu'ilz dient tous les jours pour le feu roy René Cécille.............................. vi^xx l. t.

Au camérier de Sainct-Victor de Marseille pour récompense des sallins où sont les arceneaulx................ ix^xx l. t.

Languedoil dommaine. Aux doyen et chanoynes Sainct-Florentin d'Amboyse pour la messe saint Sébastien qu'ilz cellèbrent tous les jours. viii^xx v l. t.

(1) Collégiale Saint-Florentin. — Il s'agit de Charles VIII.

(2) Cathédrale de Nantes.

(3) Couvent des Jacobins de la rue Saint-Jacques. Humbert II, devenu dauphin, s'était fait religieux de saint Dominique. Il devint prieur des Dominicains de Paris et patriarche d'Alexandrie, 1312-1355. Il était enterré au couvent de la rue Saint-Jacques auquel il avait fait don de 4,000 l. qui furent payées longtemps après, par acomptes de 1,000 livres.

(4) Sainte-Chapelle de Vincennes, fondée par Charles V, en 1379.

(5) Le roi René avait, par testament, laissé une rente de 15 florins aux religieux de saint François, de saint Augustin, de saint Dominique et aux Carmes d'Aix.

	Les aulmosnes ordinaires du trésor qui sont anciennes, lesquelles se payent par le changeur, se peulvent monter chacune année vii^{m} l. et en fault veoir la déclaration par le menu, pour ce cy........................	vii^{m} l. t.
Bourgongne.	Aux religieulx sainct Francoys de Mascon pour leur couvent par estimation a esté estimé le démolissement pour la fortiffication la somme de xiii^{c} l. par année, ilz ont reçeu par deux foys viii^{xx} xl l. t., cy	ii^{c} l. t.
Languedoc généralité.	A frère Jehan Bourgois [1] pour la messe du roy et pour leur ayder à l'édiffice de leur couvent..............	ii^{c} l. t.
Picardye.	Aux seurs grisettes de Monstreuil [2] pour l'aulmosne	l l. t.
Bretaigne.	Aux cordeliers d'Ancenis pour le service la somme de....	c l. t.
	Somme toute dud. chappitre........................	xxiiii^{m} ii^{c} xxiii l. t.
Bretaigne.	Aux seurs de saincte Claire de Nantes	c l. t.

[Chapitre II.]

RABAIZ ET AFFRANCHISSEMENS À RABATRE SUR LAD. RECEPTE.

Languedoc généralité.	Le rabaiz de Thoulouze à raison de deux millions quatre cens mil livres de taille, oultre ii^{m} v^{c} l. t. qu'ilz payent chacun an, monte........................	iiii^{m} iii^{c} xxxviii l.
Pycardye.	Aux habitans de Dourlans [3] en don pour lad. année	cl l. t.
	A eulx pour l'affranchissement de lad. ville............	ii^{c} l l. t.
	A eulx pour la moitié du iiiime de lad. ville	vi^{xx} xv l. t.
	Aux habitans de Corbye [4] pour le don de leurs aydes....	v^{c} l. t.
	A eulx pour la taille	v^{c} lxxiiii l.
	Aux habitans de Monstreuil sur la mer pour l'affranchissement de leur taille	vi^{c} l. t.
	A la ville de Péronne pour l'affranchissement de leur taille	xi^{c} xxxiiii l.
	A eulx que le roy leur a donné durant neuf années desquelles la présente est la neufviesme	ii^{c} l l. t.
	A eulx sur les impositions	viii^{c} xviii l.
	A ceulx de la banlieue du Crotay [5] sur leur affranchissement	xlii l. t.

(1) Au chapitre XVI de la dépense, les Cordeliers du frère Jean Bourgeois sont encore inscrits pour 200 l., l'assignation ayant été omise en 1522.

(2) Hospitalières de saint François de Montreuil-sur-Mer.

(3) Doullens (Somme).

(4) Arr. d'Amiens (Somme).

(5) Arr. d'Abbeville (Somme).

Aux habitans de Saint-Quentin ou lieu de leur affranchissement .... III^c l. t.

A eulx pour le IIIIme du vin vendu en détail .... MXX l. t.

A eulx encore pour la moictyé des beuvraiges .... XLII l.

Oulte-Seine. Pour l'affranchissement de Puyseaulx[1] .... IX^xx l.

Languedoil généralité. Pour le rabaiz qui se fera aux pauvres gens payans taille par tout le royaulme à l'occasion des famyne, peste, pilleryes, bruslemens et passaige des gens de guerre[2]. XXIIII^m l.

Pour l'affranchissement des villaiges de Gastinois ...... MLX l. t.

Pycardye. Aux habitans de Sainct-Riquier[3] pour le IIIIe et cinquiesme imposition de leur ville .... LX l. t.

A eulx pour l'affranchissement de la moictyé de leur taille .... XLII l. X s. t.

A Anthoine de Marboue[4], canonier ordinaire du roy, la somme de .... LIIII l. XV s.

Aux arbalestriers, archers et coulevriniers d'Amyens, Abbeville, Rue[5] et Sainct-Quentin .... II^c II l. X s

Aux habitans d'Abbeville sur leur taille, par modération que le roy leur a faicte .... VIII^c l. t.

Aux habitans de Boulogne pour leur havre, par mandement du roy .... IIII^c l. t.

Aux coulevriniers de Sainct-Quentin, pour dix années, cy pour la sixiesme .... LX l.

Languedoil généralite. Pour l'affranchissement de Romorantin, Coignac et les faulx bourgs d'Amboyse .... XV^c XXII l.

(1) Puiseaux, arr. de Pithiviers (Loiret).

(2) La guerre n'avait pas cessé en Picardie pendant tout l'été de 1522. Le comte de Bures, avec les Impériaux, avait commencé par le siège de Doullens qu'il dut abandonner. A lui se joignit l'armée anglaise de Suffolk. Contre eux, François Ier avait envoyé M. de Vendôme, lieutenant général en Picardie. Anglais et Impériaux se retirèrent à la Toussaint, après avoir brûlé Doullens et les villages voisins. Sur la frontière d'Espagne, les opérations avaient nécessité l'envoi d'une armée contre Fontarabie. Tout cela justifie ce rabais, d'ailleurs peu important, sur la taille.

(3) Arr. d'Abbeville (Somme). Elle avait été exemptée pour huit ans, à partir de 1518, de toute imposition dépassant 200 livres. L'année 1523 était donc bien la cinquieme.

(4) C'est sans doute le même qui est également inscrit à l'état G pour une pension de 240 livres.

(5) Arr. d'Abbeville (Somme).

Normandye généralité.	Pour l'affranchissement d'Alençon..................	IIII^c^LXXVII l. t.
Prouvence.	A la ville de Saint-Maxemin pour leur affranchissement que le roy leur a donné durant vingt années, dont celle de ce présent estat est la septiesme qui monte troys cens florins vallans..............................	IX^xx^ l. t.
Oultre-Seyne généralité	Pour l'affranchissement de Sainct-Germain-en-Laye, à cause de la mayson de monseigneur le duc d'Orléans[1].	C l. t.
Prouvence.	A la ville de Tarrascon en déduction de leur taille, pour (*en blanc*) années dont celle de ce présent estat est la (*en blanc*)................................	V^c^XL l. t.
Languedoc généralité.	A la ville de Thoulose pour la creue dont lad. ville ne doibt riens payer......................	II^m^IIII^xx^X l. VII s. VIII d.
Languedoil généralité	Aux villes de Coignac et Romorantin et les faulx bourgs d'Amboise pour lad. creue.....................	III^c^IIII^xx^ l. X. s. t.
Oultre-Seyne généralité.	Pour Sainct-Germain-en-Laye à cause de lad. creue.....	XXV l.
Normandye généralité.	Pour la ville d'Alençon à cause de lad. creue...........	CXIX l. t.
Picardye.	A la ville de Doulans pour lad. creue.................	LXII l. X s. t.
	A la ville de Corbye pour lad. creue..................	VII^xx^III l. X s. t.
	A Monstreul-sur-la-Mer pour lad. creue..............	CL l. t.
	A la ville de Péronne pour lad. creue.................	II^c^IIII^xx^III l. X s. t.
	A ceulx de la banlieue de Crotay pour lad. creue.......	X l. X s. t.
	Aux habitans de Saint-Quentin pour lad. creue........	LXXV l. t.
	Aux habitans Sainct-Riquier pour lad. creue...........	XI l. V s. t.
	Aux habitans d'Abbeville pour lad. creue............	II^c^ l. t.
Languedoil généralité.	Pour l'entretènement des levées de la rivière de Loyre, du Cher et Romorantin..........................	V^m^ l. t.
Oultre-Seyne généralité.	A la ville de Maizières pour l'affranchissement de leur ville[2]....................................	III^c^LV l. t.
Languedoc généralité.	Pour le rabaiz des deux cens soixante troys mil cinq cens douze livres, qui montent par toutes les charges XV^c^LXXVIII l. I s. III d., à cause des fortiffications de tout le royaulme, sera départye en ce présent estat, en reste cy..................................	XV^c^LXXVIII l. I s. III d.
Oultre-Seyne généralité.	A la ville de Maizières pour la creue des VI^cm^ l., IIII^xx^ IX l., cy......................................	IIII^xx^IX l. t.

[1] Charles, duc d'Orléans, 1522-1545.

[2] A la suite du siège qu'elle avait subi en 1521, la ville de Mézières avait été exemptée de taille et de tous subsides le 14 décembre 1521.

A la ville de Brinon l'archevesque[1] pour dix années dont ceste est la deuxiesme........................ IIIᶜL l. t.

Bourgongne. Fault faire despence en l'estat de Bourgogne du revenu des aydes d'Auxerre, lesquelles ont esté baillées à ferme pour deux années à la charge d'advancer comptant au trésorier Prévost pour l'extraordinaire IIIᵐIIᶜ l. et en fauldra coucher en ce présent estat la moictyé de Vᵐ l. en deux années, cy la première qui est............ IIᵐVᶜ l. t.

Somme dud. chappitre......................... LIIIᵐIIᶜLIIII l, XV s. t.

[Chapitre III.]

PARTIES DE DOMMAINE LES AUCUNES ENGAIGÉES ET LES AUTRES ORDONNÉES EN RÉCOMPENCE DES DOMMAINES À CEULX QUI LES SOULLOIENT TENIR ET AUTRES PAR FORME DE PENSION.

Languedoil dommaine. A Madame mère du roy pour Mesle et Chisay[2] estimez XVIᶜ l. par chacun an et pour ce que lesd. pièces ont esté rabatuez de la recepte, cy.................. Néant.

A elle pour Cyvray-en-Poictou et Sainct-Maixent pour ce aussi qu'il a esté rabatu de la recepte, cy........... Néant.

A madame la duchesse d'Alençon et de Berry pour le dommaine de lad. duché de Berry montant pour estimation IIᵐVᶜ l. t. lequel a pareillement esté rabatu de la recepte; pour cecy................................ Néant.

A madame d'Entremont[3] IIᵐ l. dont luy sera baillé Fontenay pour sa valleur qui est XIIᶜ l. et pour le surplus IIIIᶜ l. pour le greffe et C l. sur la traicte de Lussonnois et IIIᶜ l. qui seront baillées à monseigneur de Montreul[4] par chacun an à cause de la cappitaynerye dud. Fontenay qu'il a layssée à lad. dame par ordonnance du roy dont il est récompensé au chappitre de gardes des places, cy par chacun an à lad. dame............. XVIIᶜ l. t.

[1] Actuellement, Brienon-sur-Armançon, arr. de Joigny (Yonne).

[2] Chizé, arr. de Melle (Deux-Sèvres). Cette châtellenie ainsi que celles de Melle et de Saint-Maixent, dont il est question plus bas, avaient été jointes à Civray et données à Louise de Savoie.

[3] Donation de Fontenay-le-Comte à Madeleine de Lestrac, comtesse douairière d'Entremonts et de Montbel, sa vie durant, le 10 mai 1518.

[4] Pierre de Pontbriant, seigneur de Montréal. On a mis ici Montreul, probablement par suite d'une erreur de copie. C'est dans la suite du présent chapitre et non aux gardes de places que cette compensation est inscrite.

Languedoc. A monseigneur de Lautrec pour le revenu de la conté de Commynge, pour ce qu'il est rabatu de la recepte, cy. Néaut.

Languedoil dommaine. Aux habitans de Bayonne pour la moictyé de la traicte et grand coustume de Bayonne[1] pour le don et octroy à eulx faict par le roy, comme ilz ont de coustume, et à monseigneur de Grandmont l'autre moictyé, montant le tout III^m III^c l., cy par estimation................ III^m III^c l.

A monseigneur de Gyé[2] pour le Chasteau du Loir M l. dont il joist par ses mains et n'en est fecte recepte au présent estat, pour cecy...................... Néant.

A monseigneur le séneschal d'Armignac[3] V^c l. t. pour Montrichart dont n'est aussi faict aucune recepte, pour cecy................................ Néant.

A monseigneur le duc d'Alençon et madame la duchesse XVI^c l. pour le revenu de Baugé[4] dont aussi n'est faicte aucune recepte, pour cecy.................... Néant.

Normandye dommaine. A monseigneur de Bugneur, seigneur de Piennes[5], sur le revenu de Neufchastel VI^c l. année prochaine CL l. t., et cy..................................... IIII^c L l. t.

Oultre-Seyne dommaine. A Malbert pour la garde de Verdun[6] qui se prend sur la ville dud. Verdun.......................... V^c l. t.

Normandye dommaine. A monseigneur de Mézières[7] pour le revenu de Vallongnes.................................. II^m l. t.

Languedoc dommaine. A luy pour le revenu d'Usson[8].................... VI^c l. t.

(1) Cette imposition comprenait un droit de douze deniers pour livre sur les marchandises vendues à Bayonne, Saint-Jean-de-Luz et Cap-Breton, et un droit de vingt-cinq sous par pièce de vin sortie. La moitié du produit était abandonnée à la ville, l'autre moitié à Roger de Grandmont, maire et capitaine de Bayonne.

(2) Charles de Rohan, seigneur de Gyé, grand échanson. — Château-du-Loir, arr. de Saint-Calais (Sarthe).

(3) Jacques, dit Galiot, de Genouilhac, sénéchal d'Armagnac, capitaine général de l'artillerie, avait reçu la seigneurie de Montrichart, en mars 1516. — Montrichart, arr. de Blois (Loir-et-Cher).

(4) Donation de la baronnie de Baugé, en accroissement d'apanage au duc d'Alençon, en décembre 1516.

(5) Louis de Hallwyn, seigneur de Piennes, lieutenant général en Picardie, gouverneur de Péronne, Roye et Montdidier. — Neuchâtel-en-Bray (Seine-Inférieure).

(6) Voir plus haut, chapitre Ier des recettes.

(7) René d'Anjou, né en 1483, seigneur de Mézières, capitaine de Loches et d'une compagnie de 50 lances. Il est inscrit pour trois autres pensions.

(8) Voir plus haut, chapitre Ier des recettes.

Daulphiné. A luy que le roy luy a donné en Daulphiné sa vye durant par manière de pension xiii^{c} l. t., année prochaine iii^{c}xxv l., et cy . . . . ix^{c}lxxv l. t.

Bourgongne. A monseigneur de Longueville[1], marquis de Rothelin, pour Montsenys . . . . iii^{c}lxxviii l. t.

A luy pour Montbar[2] . . . . v^{c}iiii l. t.

A luy pour Villaines en Duemois[3] . . . . vii^{xx}xiii l. t.

A luy pour la seigneurie de Saulmoire[4] . . . . iii^{c}lviii l. t.

A luy pour Sainct-Jehan Goul[5] et la prévosté de Bussy[6] ou lyeu de Montrichard, cy . . . . v^{c} l. t.

A la vefve et enffans de feu Charles de Sainct-Seigne[7] pour le revenu de Sainct-Seigne . . . . ix^{xx} l. t.

A messire Esmard de Prye[8] pour le revenu de Briançon. ii^{c}lxiiii l. t.

Au Bastard de La Clayette[9] pour le revenu du boys Saincte-Marye . . . . ii^{c} l. t.

A la ville de Beaulne[10] pour la moictyé de la ferme du portaige . . . . iiii^{xx} l. t.

A monseigneur de Bourbon[11] que le roy a droict de prandre sur le péaige de Moulins, en don pour dix ans . . . . viii^{xx} l. t.

A Jehan de La Loue[12] pour et ou lieu de Mung-sur-Yèvre qu'il prand sur la seigneurye du Chasteauneuf . . . . . . ii^{c} l. t.

(1) Claude d'Orléans, duc de Longueville, marquis de Rothelin, souverain de Neufchâtel (Suisse), mort en 1524. — Montcenis, arr. d'Autun (Saône-et-Loire).

(2) Montbard, arr. de Semur (Côte-d'Or).

(3) Arr. de Châtillon-sur-Seine (Côte-d'Or).

(4) Salmaise, arr. de Semur (Côte-d'Or).

(5) Saint-Gengoux, arr. de Mâcon (Saône-et-Loire).

(6) Buxy, arr. de Chalon (Saône-et-Loire).

(7) Charles de Bernault, marié à Lise de Saint-Seine. — Saint-Seine, arr. de Dijon (Côte-d'Or).

(8) Aymar, seigneur de Prie et de Toucy, grand maître des arbalétriers, complice du connétable de Bourbon.

(9) Marc de Chantemerle, bâtard de La Clayette, capitaine et bailli d'Auxerre. — Bois-Sainte-Marie, arr. de Charolles (Saône-et-Loire).

(10) L'octroi des portages, concédé par le roi pour huit ans, en 1518. Sur les cent quatre-vingts livres du fermage, quatre-vingts devaient appartenir à la ville.

(11) Charles de Bourbon, connétable de France, 1489-1527. Le roi lui faisait remise d'une somme due par lui à cause de Montcenis, en Bourgogne.

(12) Jean de Laloue, seigneur de Foecy, gentilhomme de la Chambre. — Mehun-sur-Yèvre, arr. de Bourges (Cher).

Daulphiné. A Talbert[1], sur le revenu de Quirieu et La Balme, à luy donné par mariaige........................ VIIe l. t.

A monseigneur de Longueville[2] pour le revenu de Tays et La Perrière............................ VIe l. t.

A luy pour la chastellenye d'Oisant[3]............... XVe l. t.

A luy pour Vaubonnois[4]......................... II^cL l. t.

A luy pour la chastellenye de Rathiers[5]............. IIe l. t.

A luy pour la seigneurye de Lavaldau[6] et de La Mistraye. CL l. t.

A luy pour la seigneurye de La Meure[7]............. VIIe l. t.

A luy pour le revenu de La Fallavyer[8].............. IIII^{xx} l. t.

A monseigneur de Bouchaige[9] pour le revenu des terres des Avenyères et de Dolmieu à luy baillées pour récompense.............................. VIIIe l. t.

Languedoc généralité. A monseigneur de Saint-Vallier[10], sa rente qu'il prent sur le Pont-Sainct-Esperit...................... IX^cXLIX l. III s. t.

Bourgongne. Pour la façon des vignes de Bourgongne, pour tout..... M l. t.

Prouvence. Aux habitans de Marseille, à prandre sur le revenu de la table de la mer.............................. VIIIe l.

Daulphiné. A monseigneur de Crussol[11] pour le revenu de la Coste Sainct-André qu'il tient en gaige................. VIIIe l. t.

[1] Jacques de Montepoy, dit Tallebart, gentilhomme de l'Hôtel. Cette donation datait de janvier 1516. — Quirieu, arr. de La Tour-du-Pin (Isère). — La Balme, *ibidem.*

[2] Voir ci-dessus, Claude d'Orléans. — Theys, arr. de Grenoble (Isère). — La Perrière, commune de La Pierre, arr. de Grenoble.

[3] Bourg d'Oisans, arr. de Grenoble.

[4] Valbonnais, arr. de Grenoble.

[5] Les territoires de Lavaldens, La Valette, Oris-en-Rattier, Nantes-en-Rattier et Siévoz, formaient une seule seigneurie nommée le mandement de Rattier, arr. de Grenoble.

[6] Lavaldens, arr. de Grenoble. — Aucune localité de la région ne porte le nom de La Mistraye. Peut-être s'agit-il de La Mistralie (Drôme), ou d'une autre localité dont le nom a été trop défiguré pour pouvoir être identifié.

[7] La Mure, arr. de Grenoble.

[8] Fallavier, arr. de Vienne (Isère).

[9] René de Batarnay, comte du Bouchage, capitaine du Mont-Saint-Michel. Maintenu, au mois de juillet 1523, en possession des terres de Dolomieu et des Avenières, arr. de La Tour-du-Pin (Isère).

[10] Jean de Poitiers, seigneur de Saint-Vallier, complice du connétable de Bourbon.

[11] Charles de Crussol, lieutenant général du roi en Languedoc. — La Côte-Saint-André, arr. de Vienne (Isère).

Languedoil généralité. — Pour la nourriture des hérons qui sont à Romorantin[1]. . . vi^{xx} l. t.

Prouvence. — Au cappitayne frère Bernardin des Baulx[2] pour le revenu de la seigneurie desd. Baulx, se tant se peult monter. . . vi^{c} l. t.

Languedoc dommaine. — A monseigneur de Crussol pour récompense des salins en Languedoc dont il a eu arrest contre le roy. . . . . ii^{c}L l. t.

Daulphiné. — Pour les iiii^{m} ducatz briançonnois que prent monseigneur l'Admiral[3]. . . . . viii^{m}iiii^{xx}xviii l. xi s. t.

Languedoil généralité. — Au Bastard de Lupé[4] pour le revenu de Jenville. . . . . v^{c} l. t.

Languedoc dommaine. — A Peyrault[5], lieutenant de monseigneur l'Admiral, pour le péaige de Sérières sur le Rosne dont le roy luy a faict don pour dix ans. . . . . iii^{c} l. t.

Oultre-Seyne dommaine. — A madame la duchesse de Nemoux[6], Nogent et Pont-sur-Seyne, pour partye de viii^{m} l. dont le roy luy a faict don sa vye durant, à prandre tant sur le dommaine, aydes et greniers desd. lieulx, cy pour l'article du dommaine. . . . . iii^{m}ii^{c} l. t.

Languedoil dommaine. — A monseigneur de Buno[7] pour Yèvre-le-Chasteau . . . . . . ii^{c} l. t.

Languedoc dommaine. — A monseigneur de Chandenier[8] pour le revenu des greffes et séel de la séneschaussée de Thoulouse, en don viii^{c} l., année advenir ii^{c} l., et cy. . . . . vi^{c} l. t.

Normandye dommaine. — Au cappitaine Brandech[9] vi^{c} l. t. de rente que le roy lui a donné à prandre chacun an sur le Vaulx de Rueil en Normandye. . . . . vi^{c} l. t.

Bourgougne. — Au cappitaine Tavannes[10] pour la terre et seigneurye de

(1) Cette somme représente les gages de Jean Blandin, garde de la héronnière de Romorantin.

(2) Chevalier de Saint-Jean-de-Jérusalem, capitaine de galères. — Les Baux, arr. d'Arles (Bouches-du-Rhône).

(3) Voir plus haut, chapitre Ier des recettes.

(4) Michel, bâtard de Lupé, prévôt de l'Hôtel. Il avait reçu la seigneurie de Janville, le 6 janvier 1515. — Janville, arr. de Chartres (Eure-et-Loir).

(5) Noel du Fay, seigneur de Perrault, lieutenant de la compagnie de Bonnivet. — Serrières, arr. de Tournon (Ardèche).

(6) Philiberte de Savoie, duchesse de Nemours. — Pont-sur-Seine, arr. de Nogent (Aube).

(7) Jean d'Arbouville, seigneur de Buno, capitaine de Crémone, mort en 1526. — Yèvre-le-Châtel, arr. de Pithiviers (Loiret).

(8) Voir plus haut, chapitre Ier des recettes.

(9) Jean de Brandes ou Brandech, capitaine de lansquenets, avait acheté au roi, en 1517, la châtellenie de N.-D.-du-Vaudreuil, arr. de Louviers (Eure).

(10) Jean de Tavannes, colonel des Bandes noires, seigneur de Delle et de La Colonne, mort en 1523.

Saincte-Coulombe et seigneurye de La Coulongne[1] en Bourgongne et la grurye de Bussy[2] dont le roy luy a faict don. . . . . viii^c^iii l. t.

Daulphiné. A monseigneur de Saint-Vallier pour Beaumont[3], Montreulx et La Roche-de-Cluys iii^c l., année advenir iiii^xx^vii l. x s. t., cy . . . . ii^c^lxii l. x s. t.

Languedoc dommaine. A monsieur de Turnon[4] pour le revenu de Beaucaire, comprins le péaige pour dix ans m l., année prochayne ii^c^l l. t., et cy. . . . . vii^c^l l. t.

Bourgongne. Au maistre d'hostel Corcou[5] pour le revenu de Brazay et Sainct-Jehan de Laune, cy . . . . viii^c^lxxvi l. t

Bretaigne Pour les rentes du fons et superfices des maisons qui ont esté abatues pour l'acroyssement des fossés et douves du chasteau de Nantes montant comme ès années passées ii^c^xvi l. xv s. t. sur quoy fault scavoir combien se monte le poisage et ce qui en reste à payer, cy . . . . . . ii^c^xv l. xv s.

Pycardye. A monseigneur de Hubiers[6], gouverneur de Boulongne, pour le moulin à vent dud. lieu, cy. . . . . iii^c^iiii^xx^x l. t.

Languedoc dommaine. Aux héritiers feu Albert de La Pierre[7] m l. de rente rachaptables pour x^m l., cy . . . . m l. t.

Bourgongne. A monseigneur de La Pallice[8], mareschal de France, pour le revenu de Semur-en-Briennois. . . . . iiii^xx^vii l. t.

Picardye. A monseigneur de Hubiers pour le revenu d'Aigueil[9] et Arrennes près Abbeville, oultre ii^m l. t. de pension par les mains du receveur, iii^c^lx l., année prochayne iiii^xx^x l. t., cy. . . . . ii^c^lxx l. t.

(1) La Colonne, arr. de Chalon (Saône-et-Loire).

(2) Buxy, *ibidem*.

(3) Beaumont-Montreux et La Roche-de-Glun, arr. de Valence (Drôme). J. de Poitiers avait reçu confirmation de ces seigneuries en juillet 1515.

(4) Just, baron de Tournon, bailli de Vivarais, capitaine de 50 lances, mort en 1525. Il avait une rente sur le revenu de Beaucaire.

(5) Peut-être Jean du Plessis, dit Torcou, maître d'hôtel du roi. — Brazay-en-Plaine et Saint-Jean-de-Losne, arr. de Beaune (Côte-d'Or).

(6) Oudart Du Biez, lieutenant général en Picardie, maréchal de France, mort en disgrâce en 1553.

(7) Capitaine des Suisses.

(8) Jean de Chabannes, seigneur de La Palice, maréchal de France, mort en 1525.

(9) Argueil et Airaines, arr. d'Amiens (Somme).

Bourgogne.	Au Bastard de La Clayette pour Cusery[1] dont le roy luy a faict don..................................	XIII^{c}LXVI l.
	Aux habitans de Dijon pour les mars[2] que le roy leur a donnez..................................	V^{c}XLI l.
Oultre-Seyne dommaine.	Aux filles repentyes de Paris pour six amendes à prandre sur le trésor par chacun an, cy..................	IIII^{c}L l. t.
	A monseigneur d'Orval[3] pour et ou lieu de Saincte-Manehoust, Passavant et Wassy......................	XVI^{c}XI l. t.
	Aux héritiers feu monseigneur l'Admiral[4] ou lieu de Sourdan par chacune année.....................	II^{c} l. t.
Bretaigne.	Aux greffiers de Rennes, Jehan et Christofle Pellerins, pour leurs gaiges LX l. monnoye par an, cy.........	LXXII l. t.
Languedoil dommaine.	A Jehan Dyesbat[5] pour la seigneurye de Langès, la somme de M l. rachaptable pour X^{m} l., cy.............	M l. t.
Languedoil dommaine.	A Madame mère du roy pour la terre Saincte-Foy en Agenois[6] que le roy luy a baillée ou lieu de Milansey et ses apartenances près de Romorantin............	M l. t.
	A Pierre de Pontbriant[7], seigneur de Montreul, pour la cappytaynerye de Fontenay-le-Conte, récompense de III^{c} l. par an, année prochaine LXXV l. t., et cy.......	II^{c}XXV l. t.
Bretaigne.	A La Rocque[8], en don pour le revenu de Gavre en Bretaigne..................................	II^{c} l. t.

[1] Cuisery, arr. de Louhans (Saône-et-Loire). — La Clayette était en possession de cette rente depuis plusieurs années.

[2] Octroi sur les portages et les marcs, qui existait dans plusieurs villes de Bourgogne. — Cet octroi avait été abandonné à la ville le 2 mars 1515, pour compenser les charges occasionnées pour les fortifications et le passage des troupes.

[3] Voir plus haut, chapitre Ier des recettes.

[4] Louis Malet de Graville, amiral de France, mort en 1516. — Sourdun, arr. de Provins (Seine-et-Marne).

[5] Jean de Diesbach, capitaine des Ligues suisses. Il avait reçu la terre de Langeais en 1523.

[6] Sainte-Foy-la-Grande, arr. de Libourne (Gironde). — Millançay, arr. de Romorantin (Loir-et-Cher).

[7] Voir plus haut, chapitre III des dépenses.

[8] Odet de La Roque, seigneur d'Estuer, gentilhomme de l'Hôtel. Il avait reçu la seigneurie de Gâvre en 1517. — Le Gâvre, arr. de Saint-Nazaire (Loire-Inférieure).

Languedoc dommaine. A monseigneur le duc d'Albanye[1] et à la duchesse d'Urbin pour la seigneurye de Loraguès, dont il a eu la recréance contre le roy, et pour les fermes de la sénéchaussée de Carcassonne........................ v^m l. t.

Daulphiné A monseigneur de Chandio[2] pour le revenu de Sainct-Georges d'Espéranche en Daulphiné................ vii^c l. t.

Aux héritiers feu Peyrault Maugiron[3] pour la seigneurye de Beauvoir-le-Marc qu'il a eu par engaigement, cy... iii^c l. t.

Bourgongne. A monseigneur Poliot[4], m^e des requestes, pour la vigueryе d'Ostun que le roy luy a donnée pour dix aus, cy.... iii^c l. t.

Oultre-Seyne dommaine. A madame de Vandosme[5] pour la récompence de la vicomté de Meaulx dont le roy est tenu, cy........... viii^c l. t.

Bretaigne. A monseigneur l'Admiral pour la viconté de Loyaulx[6], que tenoit feu Mondragon...................... vi^c l. t.

Normandye dommaine. A madame la marquise de Montferrat[7] pour les terres et seigneuries d'Aisey, Wassy et Nonancourt, dont luy en a esté faict don à prandre par les descharges du changeur du trésor montant par chacun an ii^m l., année prochaine v^c l. t., et cy....................... xv^c l. t.

(1) Bertrand II de La Tour, comte d'Auvergne.
|
Jean III.
|

Madeleine de La Tour d'Auvergne, comtesse de Boulogne, épouse Laurent de Médicis, duc d'Urbin. — Anne de La Tour, comtesse d'Auvergne, épouse Jean Stuart, duc d'Albany.

Bertrand II, en 1478, avait abandonné à Louis XI le comté de Boulogne en échange du Lauraguais.

(2) Louis de Chandio, grand prévôt des maréchaux. Il avait reçu cette donation en 1519. — Saint-Georges d'Espéranche, arr. de Vienne (Isère).

(3) Pierre de Maugiron, écuyer du roi. Il avait reçu, en 1521, cette seigneurie, détenue auparavant par Antoine de Maugiron. — Beauvoir-de-Marc, arr. de Vienne (Isère).

(4) Denis Poillot, seigneur de Lailly, président au Parlement de Paris. — Il s'agit d'Autun (Saône-et-Loire).

(5) Marie de Luxembourg, veuve de François de Bourbon, mort en 1495, duchesse douairière de Vendôme, avait cette pension en échange des droits qu'elle possédait sur la vicomté de Meaux.

(6) Loyaux, arr. de Paimbœuf (Loire-Inférieure).

(7) Anne d'Alençon, marquise de Montferrat, avait reçu, en 1517, les seigneuries d'Ezy, de Pacy et de Nonancourt, arr. d'Évreux (Eure).

Madame d'Aulbigny[1] pour Beaumont-le-Roger estimé v^e^ l. t., cy.................................... v^e^ l. t.

Prouvence. A madame Bastine[2] pour la seigneurye de Castellane en Prouvence.................................... IIIe l. t.

Languedoil dommaine. Aux habitans de Loches[3], en don par acquit durant sept années pour faire une maison pour tenir la justice, à prandre sur les amendes par chacun an IIIe l. t.

Oultre-Seyne dommaine. Pour le reste de la fondation de la Saincte-Chappelle du Bois de Vincennes.................................... VIII^xx^ l. t.

A madame la marquise de Saluces[4] pour la baronnye et seigneurye de Lunel engaigée pour VIIIe l., année prochaine IIe l. t., et cy.................................... VIe l. t.

Languedoil dommaine. A monseigneur de Boysy[5], par engaigement pour la somme de VIII^xxm^ l. qui ont esté baillées depuys le trespas de feu monseigneur le grand-m^e^ pour les affaires du roy, la somme de VI^m^ l. t. pour laquelle ont esté baillées lesd. seigneuries de Sézanne, et cy.................................... VI^m^ l. t.

Oultre-Seyne dommaine. A monseigneur de Bussy d'Amboise[6] pour la seigneurye de Sainct-Disier-en-Parthois, année prochayne CL l. t., et cy.................................... IIII^e^L l. t.

Languedoc dommaine. A monseigneur de Torcy, en don sur les mynes de Nyvernois, pour dix ans et par aquit vériffyé, par an IIe é. si tant se peult monter, cy.................................... III^e^L l. t.

Bourgongne. A monseigneur du Ru[7] pour la rente qu'il a sur Chaallons, la somme de.................................... LX l. t.

A monseigneur de Beauchamp[8] pour semblable rente, cy.................................... LX l. t.

(1) Jacqueline de Longueville, femme de Robert Stuart, seigneur d'Aubigny. — Beaumont-le-Roger, arr. de Bernay (Eure).

(2) Baptine de Larca, veuve d'Ottobone Spinola, receveur général de Provence, avait reçu, en 1521, la survivance des donations faites à elle et à son mari, c'est-à-dire les revenus, péages et coutumes de Castellane.

(3) Cette donation datait de décembre 1519.

(4) Marguerite de Foix, femme de Louis, marquis de Saluces, avait reçu la seigneurie de Lunel en 1517, moyennant l'abandon d'une créance de six mille écus.

(5) Claude Gouffier, seigneur de Boisy, fils d'Arthus Gouffier, grand maître de France, mort en 1519, dont la succession avait été saisie par le roi. Il avait reçu en échange la seigneurie de Sézanne.

(6) Jean d'Amboise, seigneur de Bussy, chambellan du roi, capitaine de Saint-Dizier-en-Perthois.

(7) Adrien de Croy, seigneur du Rœulx (souvent orthographié du Ru).

(8) Jean Rolin, seigneur de Beauchamp, bailli d'Autun.

Bourgongne.	A madame de Givry[1] pour Aysey-le-Duc et Sainct-Marc.	v^c xxix l. t.
Daulphiné.	A Esme-d'Aurilhac dit Paucquedenare ou lieu des greffes de Gresevauden..................................	ii^c l. t.
Languedoil dommaine.	A monseigneur de Mésières pour certains préz, près Loches, à luy donnéz par le roy..................	ix^xx l. t.
	A luy encores pour les nouvelles-baillées[2], cy..........	ix^xx l. t.
Bourgongne.	A ceulx d'Aussonne[3] pour la prévosté...............	iii^c xi l. t.
Languedoil dommaine.	A Morette[4] pour Chastillon-sur-Yndre vi^c l., année prochaine cl l. t., cy la somme de..................	iiii^c l l. t.
Bretaigne.	Par l'arrest donné en Bretaigne contre le procureur général du pays pour la seigneurye de Raiz, la somme de.....	xii^c l. t.
Oultre-Seyne dommaine.	A monseigneur de Fleuranges[5] pour le revenu de Chasteau-Tyerry et Chastillon, à rabatre sur les vi^m l. de sa pension, année prochaine iiii^c xx l., cy.............	xii^c lx l. t.
Bourgongne.	A messire Fédéric de Baugé[6], que led. seigneur luy a ordonné en Bourgongne la seigneurye de (*en blanc*)...	ii^m l. t.
Bourgongne.	Au seigneur Julle de Sainct-Séverin[7], en dommaine sur Bourgongne comprins la seigneurye d'Argilly, Glenes et Pontivilliers, le tout pour ii^m l., et de prochain en prochain....................................	ii^m l. t.
	Au conte Ludovic de Bellejoyeuse[8] pour la seigneurye de Rouvre en don................................	v^c l. t.
Oultre-Seyne dommaine.	A monseigneur de Lorges de Montgomery[9] pour la seigneurye de Dourdan à luy donnée................	viii^c l. t.

[1] Jeanne d'Orléans, fille bâtarde de Charles d'Orléans, duc d'Angoulême, sœur naturelle de François Ier, dame de Givry. — Aisey-le-Duc, arr. de Châtillon-sur-Seine (Côte-d'Or). — Saint-Marc-sur-Seine, *ibidem*.

[2] Partie de la forêt de Loches.

[3] Auxonne, arr. de Dijon (Côte-d'Or).

[4] Charles du Solier, seigneur de Morette, président à la Chambre des Comptes, chargé de plusieurs ambassades. — Châtillon-sur-Indre, arr. de Châteauroux (Indre).

[5] Voir plus haut, chapitre Ier des recettes. — Châtillon-sur-Marne, arr. de Reims (Marne).

[6] Frédéric de Gonzague, marquis de Baugé.

[7] Jules de San-Severino, marquis de Valezze. — Argilly, arr. de Beaune (Côte-d'Or). — Glennes, châtellenie dont il reste seulement les ruines du château, arr. d'Autun (Saône-et-Loire). — Pontailler, arr. de Dijon (Côte-d'Or).

[8] Ludovic de Belgiojoso, possesseur de la châtellenie de Rouvres (arr. de Dijon), qui, après sa trahison, fut donnée à Chabot, en 1526.

[9] Jacques de Montgomery, seigneur de Lorges, avait reçu le domaine de Dourdan en 1522.

A Muradel[1] pour le Pont-Saincte-Messance.......... II^{c}L l. t.

Languedoc. Gaiges d'officiers du trésor .... X^{m} l. t.

Oultre-Seyne dommaine. Pour la creue des officiers dud. trésor II^{m} l., c'est assavoir au président à V^{c} l. de gaiges et à troys conseilliers à chacun de II^{c} livres, que font VI^{c} l., et à troys conseillers de creue à chacun III^{c} l., que font II^{m} l., année prochaine V^{c} l. t., et cy. .... XV^{c} l. t.

Normandye dommaine. Au bailly d'Evreulx pour luy parfaire III^{c}LXV l., cy...... VIII^{xx}V l. t.

Bourgongne. A monseigneur de Longueville pour Chaussines[2] et La Parrière .... XV^{c} LXVI l. t.

Pour les M. l. viennoyses[3] qui ne se reçoyt point et est employé en la recepte.................... MXLI [l.] XIII s. IIII d. t

Bourgongne. Au cappittaine Tavannes pour la seigneurye de Arnay-le-Duc[4] de Bourgongne........................ II^{c} l. t.

A monseigneur de Ruffec[5] la seigneurye Duesmes VII^{xx} l. sur et tant moings de sa pension................. VII^{xx} l. t.

A Thibault de Gévini........................... L. t.

Daulphiné. A messire Galéas Viconte[6] de la terre de Beaurepaire, Moras, La Tour du Pin, Jonaigues et La Bestie de Montluer avec les péaiges illec en don montant.......... III^{m} l. t.

A monseigneur le grand escuyer[7] pour le dommaine que le roy luy a baillé en Daulphiné et Prouvence le tout montant V^{m} l., c'est assavoir Prouvence XV^{c} l. et Daulphiné III^{m} V^{c} l. t............................. V^{m} l. t.

Lesd. terre Sauzé[8], Chasteau-Double, Pierrelatte, Savasse,

(1) Jacques de Miradel, commissaire ordinaire de l'artillerie.

(2) La châtellenie de Noyers et ses dépendances avaient été concédées à Louis d'Orléans par le traité de Cambrai, en 1508. — Chaussines, arr. de Dôle (Jura). — La Perrière, arr. de Beaune (Côte-d'Or).

(3) La livre viennoise était ordinairement comptée pour 10 s. t. L'équivalence indiquée ici, 20 s. 10 d. t., ne concorde pas avec cet usage.

(4) Arr. de Beaune (Côte-d'Or).

(5) Le seigneur de Ruffey (voir plus haut, chapitre Ier des recettes). Il était engagiste des seigneuries de Duesmes, Villiers-le-Duc et Maisey-sur-Ource. — Duesmes, arr. de Châtillon-sur-Seine (Côte-d'Or).

(6) Galéas Visconti, duc de Bari. Cette donation datait du 5 mai 1522. — Beaurepaire, Moras, Jonage, arr. de Vienne (Isère), Montluel, arr. de Trévoux (Ain).

(7) Galéas de San-Severino, grand écuyer.

(8) Sauzet, arr. de Montélimar (Drôme). — Châteaudouble, arr. de Valence (Drôme). — Pierrelatte, Savasse, arr. de Montélimar — Grane, arr. de Die (Drôme). — Vicomté de Martigues, arr. d'Aix (Bouches-du-Rhône).

Grane et le péaige de Montélymar que sur Prouvence sur la viconté de Martaigue.......................... xv[c] l. t.

Dauphiné. Au seigneur Bernabo Viconte[(1)] à prandre sur le revenu de Sainct-Saphorin la somme de.................. m l.

Prouvence. A madame Bastine[(2)] le revenu du jardin à Aix estimé ix[xx] l., cy .... ix[xx] l. t.

Prouvence. A madame Gentille de Frégouse[(3)] le revenu de la seigneurye de Pérolles montant ii[c] xxv l............. ii[c] xxv l. t.

Bourgongne. A l'esleu Jaquerin[(4)] le greffier tabellionnaige de Challon baillé a ferme pour v[c] l. t., et il en vault myeulx de viii[c] l. t. cy .... v[c] l. t.

Bretaigne. A monseigneur l'Admiral[(5)] qui tiend en Bretaigne la conté de Poyntyèvre, Lamballe et Montcontours, Cresnon et Arguenon estimez la somme de.................. iii[m] v[c] l. t.

Somme toute dudict chappitre........................ cii[m] iiii[c] lxxv l. t.

A monseigneur de Clayette[(6)] pour le gouvernement d'Auxerre, ii[c] l. t.

[Chapitre IV.]

Les gardes des forestz[(7)].

Premièrement.

Languedoil généralité. En la forest d'Amboise[(8)] et de Montrichart, aussi du bois de Plante, y a ung m[e] d'eaues et forestz, et pour les

(1) Barnabo Visconti, chevalier de l'Ordre, avait reçu, le 1er juin 1522, donation d'une rente de 1000 l. et d'un logement dans le château de Saint-Symphorien-d'Ozon, arr. de Vienne (Isère).

(2) Voir plus haut, dans le même chapitre. Il s'agit du jardin du roi à Aix, qui leur avait été donné le 8 juillet 1516.

(3) Gentille de Campo-Fregoso avait reçu, le 3 décembre 1521, la seigneurie de Peyrolles, arr. d'Aix (Bouches-du-Rhône).

(4) Probablement Jacqueron, et peut-être Étienne Jacqueron, seigneur de La Mothe, nommé dans l'état G.

(5) Guillaume Gouffier, seigneur de Bonnivet, amiral de France, mort en 1525. — Comté de Penthièvre, qui comprenait la plus grande partie du département actuel des Côtes-du-Nord. — Seigneurie de Lamballe et Moncontour. — Ports et havres entre Couesnon et Arguenon.

(6) Voir plus haut, dans ce même chapitre.

(7) Le personnel comprenait pour chaque forêt un capitaine, maître des Eaux et Forêts ou gruyer, au salaire de 120 l., des gardes, au salaire de 60 l., et des sergents, au salaire de 30 l.

(8) La forêt d'Amboise, située entre la Loire et le Cher, prolongée par celle de Montrichart.

sergens montans VII^c XXV l., année prochayne IX^xx I l. V s. cy ... V^c XLIII l. XV s. t.

En la forest de Chinon pour les gardes qui sont en nombre (*en blanc*) III^c LX l., année prochayne IIII^xx X l., cy... II^c LXX l. t.

En la forest de Chisé[1] et y a gardes en nombre de (*en blanc*) III^c LX l., année prochayne IIII^xx X l., cy... II^c LXX l. t.

Nota de scavoir au roy. A monseigneur de Procy[2] grand m^e des Eaues et forestz du royaulme de gaiges et estat la somme de IIII^m l. sur les ventes des boys extraordinaires.

Languedoil généralité. En la forest de Loches III^c LX l., année prochaine IIII^xx X l., cy. II^c LXX l. t.

En la forest de Romorantin[3], IIII^c IIII^xx l., année prochaine VI^xx l., et cy... III^c LX l. t.

Normandye généralité. En Normandye pour les troys forestz de la ville de Rouen[4] IIII^c XX l., année prochaine CV l., cy... III^c XV l. t.

Oultre-Seyne généralité. En Oultre-Seyne pour la forest de Bloys VIII^c XL l., année prochaine II^c X l., cy... VI^c XXX l.

En la forest de Coussy[5] III^c LX l., année prochaine IIII^xx X l., et cy... II^c LXX ls.

Oultre-Seyne dommaine. En la forest de La Hallatte[6] III^c LX l., année prochaine IIII^xx l., et cy... II^c LXX l. t.

En la forest de Carnelles[7] VI^xx l., année prochaine XXX l., et cy... IIII^xx X l. t.

Picardye. En Picardye pour la forest de Crécy[8] III^c LX l. t., année prochaine IIII^xx X l., cy... II^c LXX l. t.

En la forest de Réez[9] et Compiengne III^c LX l. t., année prochaine IIII^xx X l., cy... II^c LXX l. t.

Oultre-Seyne dommaine. Plus encores II^c XL l. t., année prochaine LX l., et cy... IX^xx l. t.

En la forest de Bondi et Livry[10] comprins le bailly Picart pour C l. III^c XL l. t., année prochaine IIII^xx V l., cy... II^c LV l. t.

(1) Arr. de Melle (Deux-Sèvres).
(2) François d'Allègre, seigneur de Précy.
(3) Forêt de Bruadan, voisine de Romorantin.
(4) Les forêts de Rouvray, Roumare, La Londe, Brotonne et Mauny, voisines de Rouen, étaient généralement administrées par un seul capitaine. Il s'agit probablement ici des trois premières.
(5) Haute et basse forêt de Coucy, arr. de Laon (Aisne).
(6) Entre l'Oise et la Nonette, arr. de Senlis (Oise).
(7) Arr de Pontoise (Seine-et-Oise).
(8) Arr. d'Abbeville (Somme).
(9) Forêt de Retz ou Villers-Cotterets, arr. de Château-Thierry et de Senlis
(10) Forêt de Bondy, près Paris, à l'intérieur de laquelle se trouve Livry.

Oultre-Seyne
demmaine.

En la forest de Cénart[1] c l. t., année prochaine xxv l., et cy. LXXV l. t.

En la forest de Bière[2] VIIIc XL l., année prochaine IIc X l., et cy. VIc XXX l. t.

En la forest de Saint-Germain-en-Laye comprins VIxx l., pour le gruyer IIIc IIIIxx l., année prochaine VIxx l., et cy. IIIc LX l. t.

Plus en la forest de Bière de renfort et nouvellement commandé IIIc l., année prochayne c l., et cy. IIc l. t.

Somme toute dud. chappitre. Vm VIc IIIIxx VIII l. XV s. t.

[Chapitre V.]

Greniers donnés et dont est faicte recepte cy devant.

Oultre-Seyne généralité IIm Vc l.
Languedoil généralité XVc l.

A la royne[3] pour les greniers de Blois, Coussy et Noyon en don par estimation. IIIIm l. t.

Bourgongne.

A Madame[4] mère du roy pour les greniers de Bourbon-Lancyz dont le roy luy a faict don. IXc LXI l.

Languedoil généralité.

A mad. dame pour celluy de Sainct-Pierre-le-Moustier[5] pareillement en don. Vc XI l. t.

A elle pour le grenier de Cosne. XIIIIc XXXIX l. t.

Normandye généralité IIIc l.
Languedoil généralité XVIIIc XI l. t.

A monseigneur le duc d'Allençon[6] pour les deux pars des greniers de La Fleiche et Chasteau-Gontier, aussi pour le quint et gabelle de Dompfront. IIm CXI l.

Languedoil généralité.

A monseigneur de Guyse de Lorraine[7] pour les greniers de Mayne-les-Juhez et La Ferté-Benard. XIXc LXXIII l.

Oultre-Seyne généralité.

A la royne pour le grenier de Montfort-Lamaulry[8] pour ce qu'il n'en est point faict de recepte, pour cecy. Néant.

(1) Forêt de Sénart, arr. de Corbeil et de Melun.

(2) Forêt de Fontainebleau.

(3) La reine Claude de France avait reçu, le 8 janvier 1517, l'administration des comtés de Blois et de Soissons, et de la seigneurie de Coucy.

(4) Anne de France, duchesse de Bourbon, avait reçu la concession des greniers à sel de Bourbon-Lancy, Cosne et Saint-Pierre-le-Moûtier. Après sa mort, en 1522, ils étaient passés à Louise de Savoie. — Bourbon-Lancy, arr. de Charolles (Saône-et-Loire).

(5) Arr. de Nevers (Nièvre).

(6) Charles IV d'Alençon, 1489-1525, mari de Marguerite d'Angoulême.

(7) Claude de Lorraine, duc de Guise et duc d'Aumale, 1496-1550, avait reçu ces greniers le 8 février 1521. — Mayenne-la-Juhée (Mayenne). — La Ferté-Bernard, arr. de Mamers (Sarthe).

(8) La reine possédait Montfort-l'Amaury comme bien patrimonial venant de la maison de Bretagne. — Montfort-l'Amaury, arr. de Rambouillet (Seine-et-Oise).

Bourgongne. A monseigneur le duc de Longueville marquis de Rothelin pour le revenu du grenier de Montbar .... XII^c XV ls.

Prouvence. A monseigneur de Bourbon [1] pour le grenier de Berre en Prouvence qu'il tient par engaigement pour le tiers de c^m é. soleil, cy .... III^m l. t.

A luy pour les vieilles gabelles du grenier de Berre, oultre III^m l. cy dessus, qui vallent chacun an par estimation VII^c l. qui ont esté adjugées à feue madame de Bourbon [2] par provision de réintégration du grand conseil de Prouvence, cy .... VII^c l. t.

Oultre-Seyne généralité. A monseigneur de Croy [3] et à madame de Touteville pour les greniers de Chastel-en-Portien et de Cormissy XIIII^c l. et pour ce qu'il ne s'en faict point de recepte en ce présent estat, pour cecy .... Néant.

Bourgongne. A monseigneur de La Pallice marechal de France pour les greniers de Semur-en-Brionnois et Marsigny [4] estimez. VI^xx l. t.

Languedoil généralité. A monseigneur de Laval [5] pour le grenier de Laval comme pension par descharge. .... M XII l. t.

Oultre-Seyne généralité. A monseigneur d'Orval pour le grenier de Dreulx IIII^m l., année V^c XXIIII, M l. t., et cy .... III^m l. t.

Languedoil généralité. A messire Jaques Galliot m^e de l'artillerye pour le grenier de Montrichart non comprins la chambre à sel d'Amboise charges payées qu'il prent par ses simples quictances, cy .... IX^c l. t.

A monseigneur de Longueville pour le grenier de Chasteaudun estimé.......................... XIX^c LVI l. t.

A (*en blanc*) pour les greniers de Nevers [6], Sainct-Saulge et Clamecy montant chacun an par estimation III^m V^c LXX l. t., année prochaine VIII^c LXXV l., et cy......... II^m VI^c IIII^xx XV l.

[1] Charles, duc de Bourbon. Voir plus haut, chapitre Ier des recettes.

[2] Anne de France, duchesse de Bourbon, morte le 14 novembre 1522.

[3] Philippe de Croy, comte de Porcien, duc d'Arschot, était attaché au service de Charles-Quint et mourut en 1549. Il était cousin de Jacqueline d'Estouteville. Il avait reçu le 15 avril 1516 les greniers à sel de Château-Porcien, arr. de Rethel (Ardennes) et de Cormicy, arr. de Reims (Marne).

[4] Marcigny-les-Nonains, place forte du bailliage de Mâcon, arr. de Charolles (Saône-et-Loire).

[5] Guy XVI, comte de Laval, 1475-1531.

[6] Les greniers de Nevers, Saint-Saulge (arr. de Nevers) et Clamecy, appartenaient à Marie d'Albret, comtesse de Nevers, depuis le 14 avril 1521. C'est elle dont le nom a été omis ici.

Oultre-Seyne généralité. A madame la duchesse de Nemours pour les greniers de Nemours et Nogent estimez chacun an v^m^ IIII^c^ II l., cy . v^m^ IIII^c^ II l. t.

Languedoil généralité. A monseigneur de Vandosme [1] pour les deux tiers du grenier de Vandosme a luy donnés par le roy comme pension estimez VII^c^ XX l., cy . . . . VII^c^ XX l. t.

Oultre-Seyne généralité. A monseigneur de Fleuranges [2] pour le grenier de Chasteau-Thierry à luy donné par le roy et par traicté. . . . v^m^ CXX l. t.

A madame la mareschal de Chastillon [3] le grenier de Sens que luy a esté donné par mandement estimé à VI^m^ l., cest article est mys en pension.

Somme dud. chappitre. . . . . XXXVI^m^ VII^c^ XXXV l. t.

[Chapitre VI.]

Dons d'aydes.

Pyrardye. Au roy catholic à cause de la composition d'Arthois [4]. XIIII^m^ IIII^c^ IIII^xx^ XVI l.

Oultre-Seyne généralité. A monseigneur d'Orval pour la composition de Rethelois IIII^m^ VII^c^ L l., année prochaine XI^c^ LXXV l., reste cy . . . . . III^m^ V^c^ LXXV l. t.

A madame la duchesse de Nemours [5] les aydes de Nemours II^m^ l. en déduction de VIII^m^ l. que doibt valloir la duché cy. . . . . II^m^ l.

Oultre-Seyne généralité. A Madame mère du roy sur l'équivalent de Gyen [6] pour une année. . . . . XIIII^c^ l.

Normandye généralité. Aux habitans de Honnefleur [7] et Harlfleur pour leurs aydes qu'ilz convertyront en réparations. . . . . II^m^ VII^c^ LXIIII l.

Languedoil généralité. A la ville de Poictiers en don pour convertyr en réparations. . . . . C l. t.

Burgongne. A la ville de Mascon à prandre sur les aydes par mandement qu'ilz prengnent par leurs mains par an. . . . . . . IX^xx^ l. t.

(1) Charles de Bourbon, duc de Vendôme, 1489-1537.

(2) Voir plus haut, chapitre Ier des recettes.

(3) Louise de Montmorency, sœur du connétable, veuve de Gaspard de Coligny, maréchal de France. Cette pension figure dans l'état F.

(4) La composition d'Artois avait été attribuée au roi d'Espagne par le traité du 24 mars 1515 complété sur ce point par les lettres patentes du 23 avril 1515. *Actes de François Ier*, n° 15916.

(5) Voir plus haut, chapitre Ier des recettes.

(6) Dès le 26 novembre 1522, le roi avait donné à Louise de Savoie la seigneurie de Gien, provenant de la succession d'Anne de France.

(7) Honfleur, arr. de Pont-l'Évêque (Calvados). — Harfleur, arr. du Havre (Seine-Inférieure).

Languedoil généralité — A la ville de Tours sur leurs aydes la somme de xv^c l. t., cy. . . . xv^c l.

Bretaigne — Pour le passaige des vins et autres provisions pour le roy, la royne, Mesdames et autres princes, pour Bretaigne. . . . m l. t.

Oultre-Seyne généralité. — Pour les impositions de Champaigne que les fermiers veullent quicter . . . . vii^m vi^c lxvi l. t.

Somme toute dud. chappitre . . . . xxxiiii^m vii^c iiii^xx i l. t.

[Chapitre VII.]

PARTYES ORDINAIRES POUR LE FAICT DE LA GUERRE, LES GENTILZHOMMES, GARDES ET OFFICIERS DE LA MAISON DU ROY ET DE LA ROYNE, DE MONSEIGNEUR LE DAULPHIN, ET POUR LES COURS SOUVERAINES ET AUTRES PARTYES FORCÉES.

Premièrement.

Pour le payement de troys mil cinq cens livres[1] avecques l'estat des cappitaines, gaiges des trésoriers et clercs, aussi du controlleur de la guerre[2], montant pour une année la somme de xiii^c xxii^m ix^c l l. t. . . . . xiii^c xxii^m ix^c l l.

Et oultre led. nombre desd. trois mil cinq cens lances il y a les compagnyes du roy de Navarre, la compagnye estant à Fontarabye et autres qui sont en nombre iii^c xlvii lances, qui montent, comprins la creue de xl s. t. par mois aux cent hommes d'armes de Fontarabie et la creue

[1] Corrigez : lances.

[2] Le *Journal d'un bourgeois de Paris* donne (édit. Bourrilly, p. 117-121) les indications suivantes sur la situation de l'armée française au mois d'août 1523 :

Armée d'Italie : 1,760 lances, 200 chevau-légers, 10,700 gens de pied français, 30,000 suisses, lansquenets et italiens (non compris les aventuriers).

En Picardie : 735 lances, 1,800 gens de pied.

En Champagne : 300 lances.

En Languedoc : 210 lances.

En Bretagne : 140 lances.

En Normandie : 210 lances.

Plus 50 lances disponibles.

Au total : 3,405 lances, 200 chevau-légers et 42,500 hommes de pied. Il y a donc un écart assez sensible avec les chiffres que nous trouvons ici.

L'armée de Guyenne comprenait d'autre part :

La compagnie du roi de Navarre : 100 lances.

La compagnie de Lautrec : 100 lances.

La compagnie de Bonneval : 50 lances.

Les mortes-payes de Fontarabie : 100 lances.

Soit au total : 350 lances.

de xl s. par moys aux hommes d'armes et l s. par mois aux archers de la compagnye de monseigneur de Fresnay[1] estant à Thérouanne[2], vi^{xx} vii^{m} ii^{c} iiii^{xx} x l. x s., dont se reprandra sur les autres places vuydes et deniers revenans xxvi^{m} vi^{c} l., et cy le reste montant......... c^{m} vi^{c} iiii^{xx} x l. x s. t.

Somme pour lad. guerre.................... xiiii^{c} xxiii^{m} vi^{c} xl l. t.

Appointement de lad. somme de xiii^{c} xxiii^{m} vi^{c} xl l. t., savoir

Pour le quartier de janvier février et mars montant iii^{c} lv^{m} v^{c} x l. t.

Languedoil généralité........................ lxxii^{m} c lxxvi l. t.
Guyenne...................................... c^{m} iiii^{c} xlix l. t.
Normandye.................................... lxxi^{m} ii^{c} l l. t.
Oultre-Seyne................................. li^{m} viii^{c} lx l. t.
Languedoc.................................... l^{m} vii^{c} lxxv l. t.
Pycardye..................................... v^{m} l. t.
Daulphiné.................................... iiii^{m} l. t.
Somme pareille............................... iii^{c} lv^{m} v^{c} x l. t.

Pour le quartier d'avril may et juing, pareille somme de iii^{c} lv^{m} v^{c} x l. t.

Appoincté.

Languedoil généralité........................ cxiii^{m} l.
Guyenne........................... xxv^{m} clxxii l. ii s. vi d. t.
Normandye.................................... lxxviii^{m} l. t.
Oultre-Seyne................................. lxx^{m} l.
Languedoc..................... lx^{m} iii^{c} xxxvii l. xvii s. vi d.
Picardye..................................... v^{m} l. t.
Daulphiné.................................... iiii^{m} l.
Somme pareille.

Pour les quartiers de juillet et octobre montans vii^{c} xi^{m} xx l. t.

Appoincté.

Languedoil généralité........................ ix^{xx} viii^{m} l.
Guyenne...................................... x^{m} iii^{c} xlv l. v s. t.
Normandye.................................... vi^{xx} xviii^{m} l.
Oultre-Seyne................................. iiii^{xx} xvi^{m} l. t.
Languedoc.......................... cx^{m} vi^{c} lxxiiii l. xv s. t.

(1) Artus de Moreuil, seigneur de Fresnoy, gouverneur de Thérouanne, avec 50 lances.

(2) Arr. de Saint-Omer (Pas-de-Calais).

Bretaigne...................................	CLm l. t.
Picardye....................................	Xm l. t.
Daulphiné...................................	VIIIm l. t.

Somme pareille.

Les huit commissaires des monstres [1] et les huit clercs du controlleur de la gerre seront payez sur les deniers des absens.

[Chapitre VIII.]

GARDES DE PLACES.

Languedoil généralité.	A monseigneur de Mézières [2] pour la cappytaineryе de Loches XIIc l., année prochaine IIIc, cy............	IXc l. t.
	A René de Bartarnay seigneur d'Authon pour la garde du mont Sainct-Michel XIIc l. t., année prochaine IIIc l., cy.	IXc l. t.
Oultre-Seyne généralité.	A monseigneur de Montmorency [3] pour le boys de Vincennes XIIc l., année prochaine IIIc l., cy...........	IXc l. t.
Normandye dommaine.	A monseigneur le mareschal de Montmorency [4] pour la garde de la Bastille XIIc l., année prochaine IIIc l. t., cy.	IXc l. t.
Oultre-Seyne dommaine.	A monseigneur de Précy pour la garde de Montaigues [5] XIc l., année prochaine IIc XXV l., et cy..............	VIIIc LXXV l. t.
Languedoil généralité.	A monseigneur de Boysy [6] pour la garde du chasteau d'Amboyse VIc l., année prochaine CL l. t., cy.........	IIIIc L l. t.
Normandie généralité.	A l'escuyer Poton [7] pour la garde de Cherbourg M l., année prochaine IIc L l. t . cy	VIIc L l. t.
Normandie généralité.	A Granzay [8] pour Tombelaine IIIc LX l., année prochaine IIIIxx X l. t., cy........................ ..	IIc LXX l. t.

[1] Les commissaires des montres étaient désignés par le roi ou les maréchaux de France. Pour chaque compagnie un rôle était établi et certifié par eux. Le payement était fait par les clercs, après quoi le rôle, muni de la quittance signée du contrôleur de la guerre, servait d'acquit aux trésoriers des guerres pour la reddition de leurs comptes.

[2] Voir plus haut, chapitre III des dépenses.

[3] Guillaume, baron de Montmorency, capitaine de Vincennes, mort en 1531.

[4] Anne de Montmorency, capitaine de la Bastille, maréchal de France, connétable en 1538 (1492-1567).

[5] Montaigut-en-Combrailles, arr. de Riom (Puy-de-Dôme).

[6] Claude Gouffier, seigneur de Boisy, premier gentilhomme de la Chambre, mort en 1570.

[7] Antoine Raffin, dit Poton, sénéchal d'Agenais.

[8] Jeannot de Montalembert, seigneur de Granzay, mort en 1524. — Ilot de Tombelaine, voisin du Mont-Saint-Michel.

Languedoil dommaine.	A monseigneur de Vigen[1] pour la garde du chasteau de Luzignan XII^c l., année prochaine III^c l., cy..........	IX^c l. t.
Oultre-Seyne dommaine.	A monseigneur de Vallery Cadorat[2] pour la garde de Montereaufaultyonne V^c l., année prochaine VI^{xx} V l. t., cy.	III^c LXXV l. t.
Normandie dommaine.	A monseigneur de Neufviz[3] dit Le Barroys pour la garde du pont Orson XII^c l., année prochaine III^c l., cy......	IX^c l. t.
Bourgongne.	A monseigneur de La Trimoille[4] pour le chastel de Dijon.	II^c XL l. t.
	A monseigneur de Ruffec[5] pour le chasteau de Beaune cy.	CL l. t.
Languedoil généralité.	A messire Gabrier de La Chartre[6] pour la grosse tour de Bourges M l., année prochaine II^c L l. t., cy..........	VII^c L ls.
	A monseigneur de Prye[7] pour le pont St Esperit III^c l., année prochaine LXXV l., cy..........................	II^c XXV l. t.
Languedoil dommaine.	A monseigneur de Lautrec pour le chasteau de Trompette[8]......................................	C l. t.
	A Charbon pour le roole..........................	III^c l. t.
Languedoil dommaine.	A monseigneur de Lautrec pour le chasteau de Blays[9]..	II^c l. t.
	A (*en blanc*) pour le chasteau de Sainct-Séver..........	C l. t.
	A monseigneur d'Orval pour le chasteau de Ha[10]......	III^c ls.
	A Sallignon pour le chasteau vieil de Bayonne.........	C l. t.
Normandie généralité.	A Anthoine de Lombes[11] pour Granville............	III^c l. t.
Languedoc généralité.	Au seigneur de Morettes[12] pour Aiguemortes..........	CL ls.
Picardye.	A monseigneur de La Gruture[13] pour le chasteau d'Abeville VI^c l., année prochaine CL l., cy................	IIII^c L ls.

(1) François du Fou, seigneur du Vigean, panetier ordinaire. — Lusignan, arr. de Poitiers (Vienne).

(2) Michel de Poisieu, seigneur de Saint-Mesme et de Vallery, dit Cadorat.

(3) Jacques des Barres, seigneur de Neufvy, dit Le Barrois, maître d'hôtel du roi. — Pontorson, arr. d'Avranches (Manche).

(4) Georges de La Trémoille, seigneur de Jonvelle, lieutenant général en Bourgogne.

(5) Girard de Vienne. Voir plus haut, chapitre Ier des recettes.

(6) Gabriel de La Châtre, seigneur de Nançay.

(7) Aymar de Prie, seigneur de Montpoupon. — Pont-Saint-Esprit, arr. d'Uzès (Gard).

(8) Situé à Bordeaux.

(9) Blaye (Gironde).

(10) Situé à Bordeaux.

(11) Antoine de Loubbes, seigneur d'Availloles.

(12) Voir plus haut, chapitre III des dépenses.

(13) Louis de La Gruthuse, seigneur d'Offémont.

Languedoil généralité. Au cappitaine du Pessis-les-Tours IIIᶜ IIIIˣˣ x l. x s., année prochaine VIˣˣ II l. x s. t., cy.......... IIIᶜ LXVII l. x s. t.

Prouvence. Au cappytayne de Tarrascon IIIᶜ l., année prochaine LXXV l. t., cy.......... IIᶜ XXV l. t.

Au cappitaine de Brigancon [1] IIIᶜ l. t., année prochaine LXXV l. t., cy.......... IIᶜ XXV l. t.

A monseigneur de Beauregard pour la garde de la tour de Marseille IIIᶜ LX l., année prochaine IIIIˣˣ x l., cy.......... IIᶜ LXX l.

Pour la garde du tarcenal de Marseille VIˣˣ l., année prochaine XXX l., cy.......... IIIIˣˣ x l. t.

Guyenne généralité. Au cappitaine Frouget [2] tant pour la garde de Fontarabye que pour pension.......... IIᵐ l. t.

Oultre-Seyne dommaine. A Jehan Daguerre frère de feu messire Gracien pour la cappitaineryc de Fismes [3], cy.......... c l. t.

Languedoil généralité. A troys archers qui gardent le chasteau d'Angers.......... IXˣˣ ls.

Picardye. A monseigneur de Hubiers [4] gouverneur et cappitaine de Boulongne tant pour la garde que pour pension.......... IIᵐ l. t.

Prouvence. A la vefve feu de Lyon pour la maison du roy à Marseille. c ls.

Oultre-Seyne généralité. Au capitaine de Coyffy [5].......... LX l. t.

Pycardye. A monseigneur de Senlis cappitaine de Thérouenne.......... IIᶜ ls.

Picardye. A Machin de Tardes cappitaine de Beaurevoir [6] IIIᶜ l., année prochaine LXXV l., cy.......... IIᶜ LXXV ls.

A Jaques de Lameth cappitaine de Corbye.......... c l. t.

Prouvence. Au cappitaine Motet pour la garde du port de Thoulon.......... VIˣˣ ls.

Languedoil dommaine. Au bastard de Clèves pour Cusset [7].......... c l. t.

Languedoil généralité. Au cappitaine de Mauléon de Saule [8] tant pour la garde

(1) Ilot fortifié; voisin de la rade d'Hyères.

(2) En 1521, Bonnivet, ayant pris Fontarabie, y avait laissé comme gouverneur Jean de Daillon, qui fut bientôt assiégé par les Espagnols. Le maréchal de Chabannes, envoyé au secours avec une armée de mer commandée par le vice-amiral de Bretagne, Lartigue, fit lever le siège et y laissa comme gouverneur François du Franget.

(3) Arr. de Reims (Marne).

(4) Du Biez. Voir plus haut, chapitre III des dépenses.

(5) Coyffy, arr. de Langres (Haute-Marne).

(6) Arr. de Saint-Quentin (Aisne).

(7) Arr. de La Palisse (Allier).

(8) Mauléon-Soule (Basses-Pyrénées). — On désigne sous le nom de mortes-payes, des «gentilshommes et soldats qui ont fait service au roy... lesquels Sa Majesté met en un certain chasteau... pour y demeurer à perpétuité y faisant service».

de lad. place et de quatre mortes-payes qu'il doibt entretenir à ses despens, cy .... vi[c] l. t.

Normandie généralité. A monseigneur l'Admiral[1] pour le Ponteaudemer...... c l. t.

Bretaigne. A monseigneur le mareschal de Montmorency pour le chasteau de Sainct-Malo .... iii[c] l. t.

Bretaigne. A monseigneur l'Admiral pour le chasteau de Nantes.... xv[c] l. t.

A mond. seigneur l'Admiral pour le chasteau de Brestz .. m ls.

Picardye. A monseigneur du Fresnay[2] cappitaine de Thérouenne .. xiii[c] l. t.

Bretaigne. A monseigneur de Lestang capitaine de Pillemy[3]...... ii[c] xl l. t.

Oultre-Seyne dommaine Mort. A Thavannes pour la garde de Thou[4]............... iii[c] l. t.

Picardye. A monseigneur Desercuz capitaine de Hedin[5] pension et cappytainerye .... m l. t.

Guyenne. A Aubourdin[6] capitaine de Darqs .... xii[c] l. t.

Bourgongne. A la garde d'Auxonne pour la ville, Godeffroy[7]....... ii[c] l. t.

Au cappitaine d'Auxonne Chazesac[8]................ c l. t.

Au chasteau de Thallan[9]......................... ii[c] l. t.

Somme dud. chappitre .... xxvi[m] ii[c] xxxvii l. x s. t.

[Chapitre IX.]

Mortes-payes.

Normandie dommaine. A troys cens dix sept mortes-payes establis pour la garde des places de Normandie la somme de dix neuf mil soixante huit livres, cy .... xix[m] lxviii ls.

Pycardie. Pour les mortes-payes de Picardye qui sont en nombre (*en blanc*) la somme de xi[m] v[c] xx l., cy............. xi[m] v[c] xx ls.

Oultre-Seyne généralité. Pour les mortes-payes de Bourgongne qui sont en nombre (*en blanc*) la somme de xvi[m] viii[c] l. t., cy .... xvi[m] viii[c] l. t.

(1) L'amiral Bonnivet était capitaine de Pontaudemer, de Brest et de Nantes.

(2) Voir plus haut, chapitre VII des dépenses.

(3) Tour de Pirmil, à Nantes.

(4) Voir plus haut, chapitre III des dépenses. Jean de Tavannes était capitaine de Toul, qui passa ensuite à son beau-frère, Jean de Saulx.

(5) Hesdin, arr. de Montreuil (Pas-de-Calais). Jean de Sarcus, bailli et capitaine d'Hesdin.

(6) François de Hautbourdin, capitaine de Dax.

(7) Antoine Godefroy, capitaine de la ville d'Auxonne.

(8) Pierre de Chazerat, capitaine du château.

(9) Talant, arr. de Dijon (Côte-d'Or).

Bourgongne. Pour les quarante mortes-payes de Thallan montant IIm IIIc ls., cy .... IIm IIIc ls.

Oultre-Seyne. Pour les XXV mortes-payes de Montigny-le-roy[1] et quinze de Coeffy montant IIm IIIc l., cy .... IIm IIIc l. t.

Languedoil généralité. A me Jaques Ragueneau pour neuf vingtz huit mortes-payes establis pour la garde des places du pays et duché de Guyenne, comprins unze mortes-payes à Mauléon-de-Saule et IIc l. pour le payeur, montant XIm IIIc IIIIxx l. t. XIm IIIc IIIIxx l.

Languedoc généralité. A Guillaume Bruneau pour les mortes-payes de la tour d'Aiguemortes IIIc LX l. t., cy .... IIIc LX l. t.

Bretaigne. Pour les mortes-payes de Bretaigne qui sont en nombre IXxx XV, comprins six lansquenetz qui ont six livres par moys, montant XIm VIIc LXXII l. t., cy............ XIm VIIc LXXII l.

Somme toute dud. chappitre............ LXXVm VIIIc l. t.

[Chapitre X.]

GARDES DE LA PERSONNE DU ROI[2].

Normandie généralité Xm l. Oultre-Seyne généralité XXIIm VIIc l. Languedoil généralité IXm l. t. A maistre Guillaume Briçonnet[3] pour la bende des cent gentilz hommes soubz la charge de monseigneur de Sainct-Vallier[4] montant par chacun an XLIm VIIc l., cy lad. somme de .... XLIm VIIc l. t.

Normandie généralité XXXIIm VIIIc l. Languedoc généralité Xm l. t. A maistre Jullian Bonacoursy[5] pour la bende de cent gentilz hommes soubz la charge de monseigneur le grand séneschal de Normandie[6] montant XLIIm VIIc l. t., cy .. XLIIm VIIc l. t.

(1) Arr. de Langres (Haute-Marne).

(2) La garde du roi comprenait les corps suivants :

1° Deux bandes de 100 gentilshommes de l'Hôtel, commandées par Louis de Brézé et Jean de Poitiers.

2° Une bande de 105 archers écossais, commandée par Robert Stuart d'Aubigny.

3° Trois bandes de 105 archers français, commandées par Gabriel de La Châtre, de Crussol et L. Le Roy de Chavigny.

4° Une bande de 100 Suisses, commandée par R. de La Marck de Florange.

5° La prévôté de l'Hôtel, composée d'un prévôt, 4 lieutenants, 30 archers et des sergents.

Chaque corps avait son payeur particulier qui était un officier comptable.

(3) Secrétaire du roi, mort en 1534.

(4) Voir plus haut, chapitre III des dépenses.

(5) Julien Bonacorsi, trésorier général de Provence.

(6) Louis de Brézé, comte de Maulévrier, premier chambellan, gouverneur et grand sénéchal de Normandie, mort en 1531. Il jouissait également d'une pension inscrite à l'état F.

Languedoc généralité — A monseigneur de Clermont[1] du Dauphiné lieutenant de lad. bende dud. seigneur de Sainct-Vallier vi^e l., cy lad. somme .... vi^e l. t.

Normandie généralité. — A monseigneur de Haudetot[2] lieutenant de la bente dud. seigneur le grand séneschal la somme de six cens livres, cy lad. somme de .... vi^e l. t.

Languedoc généralité. — A Claude Dure[3] porte-enseigne de la bende dud. seigneur de Sainct-Vallier. .... iie l. t.

Normandye généralité. — A monseigneur de Brezolles[4] porte-enseigne de la bende de mond. seigneur le grand séneschal. .... iie l. t.

Languedoc généralité. — A Jehan Tyzart commys au payement de la bende escossoyse soubz monseigneur d'Aubigny[5], qui sont en nombre cent cinq archers, comprins leurs montures et gaiges du clerc qui montent deux mil livres, cy lad. somme de .... xxxiii^m iie xxviii l.

A luy pour et ou lieu des robbes d'iver et d'esté du cappitaine et des archers la délivrance desquelles se commance au premier jour de may montant ii^m viiie v l. xii s. t., cy.......................... ii^m viiie v l. xii s. t.

Oultre-Seyne généralité xxii^m xi l. v s. t. Guyenne viii^m l. — A Germain Vivien commys au payement des archers qui sont soubz la charge de messire Gabriel de La Castre estans en pareil nombre de cent cinq archers, comprins leurs monstures et gaiges du clerc qui font xviiie l., la somme de xxx^m xi l. v s. t., cy .... xxx^m xi l. v s. t.

Oultre-Seyne généralité. — A Germain Vivien pour et au lieu des livrées des robbes d'iver et d'esté ii^m cliiii l. ii s. vi d.; et au regard du relevaige des brigandines et trousses montant par chacun an v^e lxxvii l. x s. t., c'est àssavoir pour lesd. relevaiges iiie lxxvii l. x s. qui est au feur de soixante et dix solz chacune brigandine, et pour les cent cinq trousses de fleiches ferrées et garnyes à xl s. chacune trousse sont comptées en l'escuyrie ordinaire dud. seigneur, cy. . ii^m cliiii l. ii s. vi d.

Normandie généralité xxi^m iiie iiii^xx xi l. v s. t. — A Nicolas Chartier commys au payement des cent cinq archiers soubz la garde de monseigneur de Crussol[6], comprins leurs montures et gaiges du clerc qui sont

[1] Antoine de Clermont, premier baron du Dauphiné, bailli de Viennois.

[2] Guillaume de Houdetot.

[3] Claude d'Eurre.

[4] Inscrit pour une pension à l'état F.

[5] Robert Stuart. Voir plus haut, chapitre III des dépenses.

[6] Jacques de Crussol, sénéchal de Beaucaire et de Nimes.

Langnedoc généralité x^m l.

xviii^c l., aussi xii^c l. pour les gaiges et estat dud. seigneur de Chevrières[1] qui sert de capitaine ou lieu de monseigneur de Crussol en son absence, et ix^xx l. pour la trompette, montant xxxi^m iii^c iiii^xx xi l. v s. t., cy lad. somme de........................ xxxi^m iii^c iiii^xx xi l. v s. t.

Normandie généralité.

Aud. Chartier pour et ou lieu des roobbes d'iver et d'esté, comprins l'abillement de monseigneur de Chevrières qui sert ou lieu de monseigneur de Crussol montant ii^m clii l. ii s. vi d., et pour le relevaige à neuf des cent cinq brigandines pour futayne, cloud, cuyr et estoffes à lxx s. chacune relleveure de brigandyne, monte iii^c lxvii l. x s., et pour cent cinq trousses de flesches ferrées et garnies à xl s. t. chacun trousse ii^c x l. t., qui est en tout ii^m vii^c xxxi l. xii s. vi d. t., cy lad. somme de... ii^m vii^c xxxi l. xii s. vi d.

Languedoil généralité xx^m xi l. v s. t
Normandie généralité x^m l t.

A Estienne Besnier[2] pour les archers estans soubz la charge de monseigneur de Chavigny[3] qui sont en nombre cent cinq, comprins leurs montures et gaiges du clerc montans xviii^c l., la somme de xxx^m xi l. v s. t., cy......... xxx^m xi l. v s. t.

Languedoil généralité.

Aud. Besnier pour et ou lieu des robbes d'iver et d'esté relevaiges de brigandines et trousses la somme de ii^m vii^c xxxi l. xii s. vi d. t., assavoir pour lesd. habillemens ii^m cliii l. ii s. vi d. et pour lesd. brigandines et trousses v^c lxxvii l. x s. t., cy.... .... ii^m vii^c xxxi l. xii s. vi d.

Guyenne généralité.

A m^e Nicolle Barbier pour le payement des cent Suysses de la garde dud. seigneur, comprins les gaiges du payeur montans m l., la somme de xvi^m vi^c l., cy........... xvi^m vi^c l. t.

Au receveur de l'escuyrie pour bailler à Jehan Estienne et Loys du Luc la somme de vii^m cxlv l. ii s. vi d., c'est assavoir aud. Loys de Luz orfèvre pour l'orfaverye de ii^c xii hocquetons pour les bendes des cappitaines de Crussol et Chavigny et monte lad. orfaverye ii^c lxxvii marcs iiii onces au pris de xiii l. t. le marc montant iii^m vi^c vii l. x s. t., dont il y en a en chascun hocqueton deux onces de blanche à l s. t. et deux cens vingt quatre marcs iiii onces de dorée à iiii l. xviii s. ix d., qui est en tout pour led. de Luz la somme de iiii^m viii^c xlviii l. ix s. iiii d. t., et aud. Jehan Estienne pour les draps desd. deux cens douze hocquetons, comprins les deux d'avan-

[1] Louis Mitte, seigneur de Chevrières, bailli de Mâcon et sénéchal de Lyon.
[2] Étienne Besnier, receveur général d'Outre-Seine.
[3] Louis Le Roy, seigneur de Chavigny.

taige pour l'essay, et pour les draps de soye des deux capitaines et pour la façon du brodeur de mectre en ouvraige II^{c} LXXVII marcs IIII onces orfaverye à LX s. le marc, le tout montant pour led. Jehan Estienne II^{m} II^{c} IIII^{xx} XVI l. XIII s. VI d. t., lesd. deux parties font ensemble pour lesd. de Luz et Estienne lad. somme de VII^{m} CXLV l. II s. VI d., année prochaine XVII^{c} IIII^{xx} XVII l. V s. t., reste cy .... V^{m} III^{c} LXXVIII l. XVII s. VI d.

Oultre-Seyne généralité.

Aud. receveur de l'escuyrie pour les livrées des hocquetons des archers des bendes des seigneurs d'Aubigny et Gabriel de La Chastre, en ce comprins leurs hocquetons aussi du cappytaine de la porte et portiers de l'Hostel aussi des fourriers, le tout monte par l'estat et arrest qui a esté dressé XII^{m} VI^{c} l., année prochaine III^{m} CL l. t., et cy.................................... IX^{m} IIII^{c} L l. t.

Normandye généralité.

A (*en blanc*) commys au payement du prévost de l'Hostel, trente archers, les sergens et autres de sa charge, ses quatre lieutenans deux de robbe longue et deux de robbe courte, la somme de VIII^{m} V^{c} LX l. t., en ce comprins II^{c} l. de pension pour le lieutenant Fromment[1] oultre ses gaiges, cy .... VIII^{m} V^{c} LX l. t.

Aux prévost et archers de messeigneurs les connestable et mareschaulx de France la somme de XII^{m} VIII^{c} L l. t., cy .... XII^{m} VIII^{c} L ls.

Languedoil généralité XVIII^{m} l. Normandye généralité XVIII^{m} l. t.

A Guillaume de Seigne[2] commys au payement des officiers de l'artillerye et autres fraitz d'icelle la somme de XXXVI^{m} l., cy lad. somme .... XXXVI^{m} l. t.

Languedoil généralité IIII^{m} l. Oultre-Seyne généralité IIII^{m} l. Languedoc généralité IIII^{m} l.

Pour employer en salpestres pour la provision de ce royaulme XII^{m} l., c'est assavoir ès généralitez de Languedoil, Languedoc et Oultre-Seyne, cy .... XII^{m} l.

Bretaigne XX^{m} l. Languedoc généralité XV^{m} l. Prouvence XV^{m} V^{c} l. t.

Pour la force de la mer tant en Normandie, Bretaigne que Prouvence, comprins le payement de quatre gallères pour XII^{m} é. par appoinctement faict par monseigneur le grand m^{e} avec le baron de Sainct-Blanquart[3] montant lad. force L^{m} V^{c} l. t., cy .... L^{m} V^{c} l. t.

Somme totale dud. chappitre.......... III^{c} LXXII^{m} IIII^{xx} III l. IX s. VI d. t.

[1] Antoine Froment, lieutenant de robe courte de la prévôté de l'Hôtel.

[2] Guillaume du Seigne, trésorier et receveur ordinaire de l'artillerie.

[3] Bertrand d'Ornezan, baron de Saint-Blanquart, vice-amiral du Levant.

[Chapitre XI.]

Pour les réparations des fortiffications des places et villes des frontières de ce royaulme, non comprins XIII^m l. pour le dommaine, aussy non comprins Bretaigne pour XVIII^m II^c l. prins sur les billotz, a esté ordonné par led. seigneur estre employé en ceste présente année la somme de deux cens trente huit mil livres tournois ainsi que cy après sera déclaré, dont led. seigneur a faict estat du département de lad. somme, cy .... II^c XXXVIII^m l. t.

Appoinctement.

Languedoc. En Dauphiné .... XII^m l.

En Prouvence........ XII^m l.

Languedoil. Languedoil généralité pour La Rochelle........ IIII^m l.

Guyenne généralité Guyenne généralité pour Bayonne, Darcqs, Fontarabye, comprins II^m l. pour Bourdeaulx .... XXXVI^m l.

Normandye Normandye généralité........ XXII^m l.

Languedoc. Languedoc généralité .... XXX^m l. t.

Oultre-Seyne généralité. Oultre-Seyne généralité, comprins Champaigne et Picardye........ CVI^m l. t.

Bourgongne. Bourgongne........ XVI^m l.

Somme pareille........ II^c XXXVIII^m l. t.

Normandie généralité. Il a esté mys sus oultre led. estat une partye en Normandye de la somme de XXV^m l. t. qui est pour la marine, cy........ XXV^m l. t.

Bretaigne. Pour Bretaigne, réparation de Picardye, sur les billotz XVIII^m II^c l., cy .... XVIII^m II^c l. t.

Oultre-Seyne dommaine III^m l. t. Aux trésoriers de France pour les réparations du dommaine, la somme de........ XIII^m l. t.

Languedoil dommaine III^m l. Somme dud. chappitre........ II^c IIII^xx XIIII^m II^c l. t.

Languedoc dommaine III^m l.

Normandie dommaine III^m l.

[Chapitre XII.]

Oultre-Seyne généralité. L'advitaillement des places de ce royaume qui sont ès frontières que led. seigneur a ordonné estre advitaillées L^m l., pour ce que Fontarrabye, Térouenne et autres qui ja ont esté advitaillées monteront à beaucoup plus grand somme, et en ce présent estat n'y a que lesd. L^m l. pour

Picardye, le surplus se prandra sur l'extraordinaire, cy seullement .... L[m] l. t.

Bretaigne M l. Picardye M l. Languedoil généralité. Pour l'entretènement des victuailles en Picardye, Thérouenne, Hedin, Monstreul et Boulongne M l., Bretaigne pour Brestz, Sainct-Malo et Coinq[1] M l. t., cy...... II[m] l. t.

A[2] receveur général pour voiaiges, dons et ambassades C[m] l., année prochaine XX[m] l., cy.................. IIII[xxm] ls.

A luy pour postes et chevauchées XL[m] l., cy............ XL[m] l. t.

Au trésorier Babou[3] pour l'estat des estranges armuriers, brodeurs, paintres et ouvriers de soye montant X[m] V[c] l., année prochaine II[m] VI[c] XXV l., cy .... VII[m] VIII[c] LXXV l. t.

De la debte d'Angleterre[4] montant IX[xx] XIIII[m] l n'en est cy faicte despense par ordonnance dud. seigneur, cy... Néant.

A la royne Marye[5] pour son douaire, comprins ce qui luy a esté baillé pour et ou lieu de la blanque[6] qui se prenoit sur chacun quintal de sel et sur l'imposition foraine de Languedoc LX[m] II[c] L l. t., cy pour ce que le roy l'a ordonnée estre prinse.......................... Néant.

Languedoil généralité. Pour l'estat des ostaiges[7] qui sont en Angleterre III[c] l. par mois, qui est pour ceste présente année III[m] VIII[c] l., année prochaine.

Au trésorier m[e] Lambert Meigret pour la pension des Souysses[8], comprins les creues de l'alliance nouvelle, le

(1) Concarneau, arr. de Quimper (Finistère).

(2) Le nom est omis. Il s'agit évidemment de Jean Sapin.

(3) Philibert Babou de la Bourdaisière, trésorier de France en Languedoil et trésorier de l'Épargne.

(4) Il s'agit de la dette de 462,000 écus contractée en Angleterre par les banquiers français pendant les années qui avaient précédé la guerre. L'amortissement avait été réglé par une convention de décembre 1520, avec la garantie tacite du roi de France.

(5) Marie d'Angleterre, troisième femme de Louis XII. Son douaire consistait en une rente de 55,000 livres assignée sur les revenus du domaine de Saintonge, La Rochelle, Saint-Jean-d'Angély, Rochefort, Chinon, Loudun et Pézenas. Par acte du 5 février 1516, elle recevait également un droit de 10 d. t. sur chaque quintal de sel vendu en Languedoc.

(6) Droit primitivement fixé à un blanc par quintal de sel, perçu sur les salines de Peccais, en Languedoc, et appartenant aux propriétaires des salines pour frais d'entretien.

(7) Le traité de Londres, du 4 octobre 1518, avait imposé la livraison de huit otages français. Ce nombre fut réduit à quatre le 4 février 1521. C'étaient : J. de La Haye, J. Gérard de Bazoges, L. du Bellay et L. de Sertus.

(8) Les traités du 8 septembre 1515 et du 7 novembre 1515 stipulaient le

tout monte la somme de IIII^xx X^m III^c XXXI é. d'or solleil qui vallent IX^xxm VI^c LXII l. t., et a esté baillé aud. Meigret assignation de II^cm l., dont sera veu le compte pour l'achapt des escuz, cy. . . . . II^cm ls.

Appoinctê.

Languedoil généralité. . . . . IIII^xx VIII^m l.

Normandye. . . . . LI^m ls.

Oultre-Seyne. . . . . XL^m ls.

Languedoc. . . . . XXI^m l.

Oultre-Seyne généralité. Pour les escolliers de Souysse et pour leur poète Lauréal [(1)] en tout la somme de II^m CXXX l. t., cy. . . . . II^m CXXX l. t.

Normandie généralité Aud. trésorier Maigret la somme de XX^m l. pour les cas inopinez qui pourront survenir en ceste présente année à cause desd. Suysses, cy . . . . XX^m l. t.

Normandie généralité. Au seigneur Maximillian [(2)] pour son estat et pension à cause du traité du chasteau de Millan la somme de soixante et douze mil livres, cy. . . . . LXXII^m l. t.

Oultre-Seyne généralité. A monseigneur de Gueldes [(3)] pour sa pension et estat la somme de XV^m l. t., cy. . . . . XV^m l. t.

A m^e Jehan Bodet [(4)] commys à recevoir le douaire de la royne Marye, oultre LV^m l. couchéz cy-devant et dont assignation a esté baillée à aucuns officiers comptables de la

payement d'une pension de 2,000 livres par an à chacun des treize cantons, les engagements antérieurs pris par Louis XII envers le Valais et les Ligues grises étant maintenus à part. Le traité du 26 novembre 1516 accordait 2,000 livres au Valais, et 2,000 livres à partager entre l'abbé de Saint-Gall et les chefs des Ligues grises.

(1) Le titre de poète lauréat était décerné officiellement, notamment par le Collège poétique fondé à Vienne, en 1504, par Maximilien, qui vulgarisa et discrédita en même temps ce titre.

(2) Maximilien Sforza Le traité du 4 octobre 1515 lui avait garanti une pension de 36,000 écus jusqu'à ce qu'il eût acquis un revenu équivalent en bénéfices, plus une somme de 100,000 écus, dont 6,000 payés comptant et le reste dans les deux années suivantes. D'après les *Ordonnances de François Ier* (vol. I, p. 300), la pension aurait été réduite à partir de 1517. Cette affirmation est contredite par le texte que nous reproduisons. La pension est bien toujours de 36,000 écus.

(3) Charles, duc de Gueldres, mort en 1538.

(4) Jean Boudet. Sur ces 55,000 livres, 13,000 avaient été versées, par mandement du 21 avril 1523, à Jean Carré, pour le payement des gages des officiers de l'Hôtel.

maison dud. seigneur dont ledit Boudet doibt réspondre, la somme de . . . . v^{m} ii^{c} l l. t.

Somme dudict chappitre. . . . . iiii^{c} iiii^{xx} xiiii^{m} ii^{c} lv l. l.

[Chapitre XIII.]

Cours souveraines pour la justice du royaulme.

Languedoil généralité.

A maistre Jehan Prévost pour le Grand Conseil, comprins *iii^{c} l. pour l'advocat et les gaiges du trésorier*. . . . . xi^{m} viii^{c} l. t.

Languedoil généralité ii^{m} iii^{c} iiii^{xx} vi l. Normandie généralité iiii^{m} l. Oultre-Seyne généralité xxxvii^{m} xxviii l. vi s. viii d

A maistre Jehan Duval pour le payement des présidens, conseilliers et autres offices de la court de parlement à Paris, m^{es} des requestes montans, comprins les pensions des présidens des enquestes vi^{c} l. et iii^{c} l. pour le procureur général du roy, montant xlix^{m} iii^{c} xiiii l. vi s. viii d. t., cy. . . . . xlix^{m} iii^{c} xiiii l. vi s. viii d.

Languedoil généralité.

A luy pour le payement de la tour criminelle[1] ordonné par led. seigneur ii^{m}, cy. . . . . ii^{m} l. t.

Oultre-Seyne généralité.

A luy pour le payement de cinq conseillers clercs et huit laiz pour assister en une chambre de parlement durant vaccations montant ix^{c} liiii l. xiii s. iiii d. t., et pour le payeur xlv l. vi s. viii d., qui est pour tout la somme de m l., cy . . . . m ls.

Normandie généralité iii^{m} l. Oultre-Seyne généralité iiii^{m} l Languedoil généralité ii^{m} iiii^{c} l. t.

A luy pour la creue des deux présidens et vingt conseilliers en lad. court[2], comprins les gaiges de m^{e} Denys Polliot[3] m^{e} des requestes et la pension du président de Luysnes[4] v^{c} l. et pour les gaiges du receveur, montant le tout ix^{m} iii^{c} l l. t., pour cecy . . . . ix^{m} iii^{c} l l. t.

Aud. receveur qu'il dict luy estre deu d'assignation de l'année passée par faulte de guet la somme de ix^{c} l. qui se prandra sur les absens et deniers revenans de sa charge, cy . . . . ix^{c} l. t.

Guyenne généralité.

Pour le payement des présidens et conseilliers et autres officiers de la court de parlement de Bourdeaulx, comprins quatre conseilliers de creue et leurs après-dinées avec les gaiges du receveur, aussi la derrenière creüe

[1] Chambre criminelle de la Tournelle, établie en avril 1515.

[2] Lettres du 31 janvier 1522, créant une troisième chambre des enquêtes au Parlement de Paris, avec 20 conseillers.

[3] Denis Poillot. Voir plus haut, chapitre III des dépenses.

[4] François de Loynes, président aux Enquêtes.

d'une chambre d'un président et huit conseillers (1) montant le tout xvi^m viii^c xxiiii l., cy lad. somme de. xvi^m viii^c xxiiii l.

Languedoil généralité. Au receveur général m^e Jehan Sapin pour le payement des chevauchées des neuf m^es des requestes.......... ii^m ii^c l l. t.

Languedoc généralité. Pour le payement des gaiges des présidens, conseilliers et autres officiers de la court de parlement de Tholouze, comprins iii^c l. pour le revenu de la creue d'une chambre pour ung président et huit conseilliers (2), la somme montant xviii^m iiii^xx x l. v s. t., cy....... xviii^m iiii^xx x l. v s. t.

Oultre-Seyne généralité xv^m Languedoil généralité v^m l. Normandye généralité iii^m cxvii l. t. A m^e Jaques Bohier pour le paiement des présidens, m^es des comptes, clercs d'icelle et autres officiers estans en la chambre des comptes à Paris, comprins les droitz de Toussaincts et de manteaulx pour les généraulx des finances, montant le tout avec la creue d'icelle (3) derrenièrement faicte la somme de xxiiii^m cxvii l. t., cy... xxiiii^m cxvii l. t.

Bourgongne. Pour le payement des présidens, conseilliers et autres offices de la court de parlement de Bourgongne oultre ce qu'ils preignent sur le sel montant iii^m ii^c xxv l., cy........ iii^m ii^c xxv l. t.

Bourgongne. Pour les après-dinées de lad. court dont la moictyé du payement se prend sur une creue de sel de laquelle est faicte recepte avec les greniers dud. pays .... xviii^c xxxvi l. t.

Bourgongne. Pour le payement des gens des comptes dud. pays de Bourgongne, comprins la creue des gaiges du président vi^c l. et pension iiii^c l. montant en tout iiii^m clv l. xi s. t., cy .... iiii^m clv l. xi s. t.

Languedoc généralité Pour les gaiges du conservateur (4) en Languedoc v^c l. t., cy. v^c l. t.

Pour le payement des généraulx de la justice dud. pays xii^c iiii^xx l., cy................................ xii^c iiii^xx l. t.

Au visiteur des gabelles (5) dudict pays vi^c l., cy........ vi^c l. t.

Languedoil généralité iiii^m l. t. Oultre-Seyne généralité iii^m viii^c xlii l. x s. Pour le payement des généraulx de la justice à Paris, comprins m l. pour le second président de creue et cinq cens livres de pension pour le premier président, qui sont en tout vii^m viii^c xlii l. x s. t. .... vii^m viii^c xlii l. x s. t.

Normandie généralité. Au receveur général de Normandie pour le payement des généraulx des monnoyes pour ceste présente année ii^m iiii^c l. t., ung président de creue qui aura vi^c l. t. et

(1) Chambre criminelle, créée en mai 1519.

(2) Même création à Toulouse, en mai 1519.

(3) Il s'agissait de la création de 12 conseillers, au mois de juillet 1521.

(4) Il s'agit du conservateur de l'équivalent.

(5) Jean d'Ancézune, bailli de Gévaudan.

deux conseilliers [1] chacun IIᶜ l. t., qui sont IIIᵐ IIIᶜ l., pour ce.................................. IIIᵐ IIIᶜ l. t.

Pour le payement [des] conseilliers et autres officiers du parlement de Normandye, comprins la creue d'un président et de huit conseilliers [2], montant XVIIᵐ XXXIII l. XV s., cy.................................. XVIIᵐ XXXIII l. XV s. t.

Pour le payement de la court des généraulx de la justice dud. pays de Normandye, cy.................. IIᵐ VIᶜ L l. t.

Daulphiné. Pour les fiefz et aulmosnes, gaiges des présidens de la court du parlement de Daulphiné aussi de la chambre des comptes et du trésorier dud. pays montans IXᵐ Vᶜ LIIII l. XIII s. t., cy.................................. IXᵐ VᶜLIIII l. XIII s. t.

Pour les gaiges des deux mᵉˢ des comptes de creue et troys conseilliers du parlement [3] montant en tout XVIIIᶜ XX l., cy lad. somme de.................................. XVIIIᶜ XX l.

Daulphiné. Au gouverneur dud. pays pour ses gaiges la somme de IIᵐ Vᶜ l., cy.................................. IIᵐ Vᶜ l. t.

Prouvence. Au trésorier de Prouvence pour les gaiges des présidens, conseilliers et autres offices de la court de parlement dud. pays de Prouvence montans IIIIᵐ IXᶜ X l. t., et pour la creue d'un conseillier [4] IIIᶜ l., cy.................. Vᵐ IIᶜ X l. t.

A luy pour le président, gens des comptes et autres offices de lad chambres desd. comptes de Prouvence IIᵐ IXᶜ XLV l., cy.................................. IIᵐ IXᶜ XLV l. t.

Au grand séneschal [5] gouverneur dud. pays pour ses gaiges à cause dud. gouvernement la somme de XVIIIᶜ l., cy.................................. XVIIIᶜ l. t.

Bretaigne. Pour les vaccations et deffraiz des présidens, conseilliers et autres offices de la court de parlement de Bretaigne... VIᵐ l. t.

A Gilles Carré commys au payement des gens de conseil de la chancellerye dud. pays de Bretaigne IIIIᵐ Vᶜ IIIIˣˣ IIII l. XVI s. t., cy.................................. IIIIᵐ Vᶜ IIIIˣˣ IIII l. XVI s. t.

(1) Création d'un président et deux conseillers le 11 mars 1523.

(2) Création d'une chambre criminelle en mai 1519.

(3) Création de deux maîtres auditeurs des comptes le 30 août 1521, et de quatre conseillers au parlement, le 1ᵉʳ septembre suivant.

(4) Création d'un conseiller le 2 novembre 1522.

(5) René, bâtard de Savoie, grand maître de France, gouverneur et grand sénéchal de Provence, mort en 1525.

A Estienne Tyssart pour le payement des présidens, m[es] des comptes et autres officiers de la chambre des comptes dud. pays montant VI[m] IIII[c] XL l. t., cy........ VI[m] IIII[c] XL l. t.

Languedoc généralite.

La chambre des comptes de Languedoc pour le président, deux m[es] des comptes, deux clercs, ung greffier, procureur, advocat, ung huyssier et ung receveur montant le tout II[m] II[c] LX l. t., c'est assavoir au président VIII[c] l., les deux m[es] des comptes VIII[c] l., aux deux clercs III[c] l., à l'advocat et procureur chacun C l. t., au greffier IIII[xx] l., au receveur VI[xx] l. et à l'huyssier L l. t., qui sont cy pour troys quartiers commençans le premier jour d'avril la somme de.................................. XVIII[c] XLV l. t.

Somme dud. chappitre.................. II[c] XX[m] LXVII l. XVI s. VIII d. t.

[Chapitre XIV.]

La maison du roy, de la royne, de messeigneurs et dames les enffans et de madame Renée.

Languedoil généralité VI[m] l. Normandie généralité XVI[m] l. Oultre-Seyne généralité XVIII[m] l. Guyenne généralité X[m] l. t.

Au m[e] de la chambre aux deniers [1] du roy pour la despense de sa maison durant ceste année montant par estimation L[m] l. t., cy......................... L[m] l.

Guyenne généralité X[m] l. t. Languedoil généralité VI[m] l. Oultre-Seyne généralité XXX[m] l. Languedoil [2] généralité XIIII[m] l. Languedoil dommaine XII[m] l.

A Jehan Carré commys au payement des gaiges des officiers de la maison dud. seigneur IIII[xx] X[m] l. t., cy...... IIII[xx] X[m] l.

Languedoc généralité.

A Guillaume Saffré [3] receveur de l'escuyrie dud. seigneur la somme de XXXVI[m] l., cy..................... XXXVI[m] l. t.

Oultre-Seyne dommaine

A luy pour l'entretènement du harnoyz en ceste présente année III[m] l. t., cy............................ III[m] l. t.

Normandie XV[m] l. Bretaigne XV[m] l.

A l'argentier du roy pour convertyr ou faict de son office [4] XXX[m] l., c'est assavoir X[m] l. pour la personne du

(1) Cet officier devait payer les dépenses de bouche.

(2) Corriger : Languedoc.

(3) Saffray.

(4) L'argenterie devait payer l'habillement.

roy en ensuyvant son ordonnance et xx^{m} l. pour autres partyes forcées de lad. argenterye, cy.............. xxx^{m} l. t.

Languedoil généralité x^{m} l. Normandie généralité xii^{m} l. Oultre-Seyne généralité xiiii^{m} l.
A maistre Guillaume Ribier pour la vénerye et faulconnorye dud. seigneur en ceste présente année montant xxxvi^{m} l., cy lad. somme de..................... xxxvi^{m} l.

Normandie généralité xii^{m} l. Languedoil généralité xii^{m} l.
Pour les plaisyrs dud. seigneur pour lad. année xxiiii^{m} l. t., cy...................................... xxiiii^{m} l. t.

Languedoil généralité.
Pour les menuz affaires et nécessitez de la chambre dud. seigneur iii^{m} l., cy........................... iii^{m} l. t.

Pour les chantres dud. seigneur et pour la chappelle ordinaire, pour les estatz expédiez montans la somme de xiii^{m} v^{c} l. t., cy lad. somme de.................. xiii^{m} v^{c} l. t.

Bretaigne cxiii^{m} l. Languedoil généralité lii^{m} l.
Pour la maison de la royne, pour toutes les offices tant au payement des officiers, chambre aux deniers, argenterye, escuyrie, voyaiges, aulmosnes et plaisyrs montant la somme de viii^{xx} v^{m} l., cy........................ viii^{xx} v^{m} l.

Languedoil généralité.
Pour l'estat de monseigneur le Daulphin, messeigneurs et dames ses frères et seurs, pour ceste présente année commancant en janvier tant pour le payement des gaiges des officiers, argenterye et escuyrye et autres menues despenses durant lad. année, la somme de lx^{m} l., cy lad. somme de................................ lx^{m} l.

Languedoil généralité.
Pour la passe de la maison de mesd. seigneurs et dames de l'année passée.............................. viii^{m} iii^{c} l. t.

Bretaigne.
Pour l'estat de madame Renée [1] de ceste présente année commancant en janvier la somme de xxiiii^{m} l., cy, ... xxiiii^{m} l. t.

Somme dud. chappitre........................ v^{c} xliii^{m} viii^{c} l. t.

[Chapitre XV.]

Pour les pansions qu'il plaira au roy appointer durant l'année de ce présent estat la somme de v^{cm} l., dont sera faict par led. seigneur estat à part [2] qui sera cy-après mys aud. présent estat, cy sur lesd. v^{cm} l. t., iiii^{c} iiii^{xx} v^{m} ii^{c} l l. t. pour ce qu'il n'y avoit fons aud. estat que de lad. somme............................ iiii^{c} iiii^{xx} v^{m} ii^{c} l l. t.

[1] Renée de France, fille de Louis XII, mariée en 1528 au duc de Ferrare, 1510-1575.

[2] État F.

Département.

Bourgongne.................................. xxix^{m} xxv l.
Picardye..................................... xxvi^{m} vii^{c} xiii l.
Daulphiné..................................... ii^{m} viii^{c} xxiii l.
Prouvence..................................... xii^{m} vi^{c} lxxv l.
Dommayne Oultre-Seyne......................... xi^{m} cxxxvii l. t.
Dommaine Languedoil........................... ii^{m} iii^{c} iiii^{xx} ii l.
Dommaine Normandie............................ xviii^{m} iii^{c} vii l.
Dommaine Languedoc............................ xix^{m} v^{c} l. t.
Languedoil généralité......................... vii^{xx} ix^{m} iiii^{c} liii l.
Normandye généralité.......................... xli^{m} iiii^{xx} xix l.
Oultre-Seyne généralité....................... xli^{m} v^{c} lviii l. t.
Plus v^{c} l. dont il s'estoict trop deschargé sur les greniers de Cossy[1] et Soyssons.
Guyenne généralité............................ xxxvi^{m} vi^{c} xliiii l.
Languedoc généralité.......................... lvi^{m} iii^{c} xxxii l.
Bretaigne généralité.......................... xxxvii^{m} vii^{c} ii l.
Somme dud. chappitre.......................... iiii^{c} iiii^{xx} iiii^{m} viii^{c} l l. t.

[Chapitre XVI.]

Picardye, que a esté layssé pour le support de la charge.

De l'année passée sur l'estat de Pycardye y avoict de reste en son estat xvi^{m} iii^{c} ix l. t. qui furent laissez en actandant que on veist les nécessitez de la guerre.

Languedoil dommaine, lad. somme a esté baillée à support de la charge oultre autre somme cy-après.

En l'estat du dommaine de Languedoc y avoict de bon xvi^{m} v^{c} xxxii l. qui furent délayssez en actandant de veoir le fons de la charge.

Normandie généralité.

Au seigneur Maximillian Sforce est deu de sa pension de l'année v^{c} xxi, dont y a acquict depesché du xi^{m} jour d'aoust aud. an, v^{c} xxi x^{m} l. t. qui doibvent estre appoinctez sur ceste présente année, et encores six mil livres qui luy sont deubz de janvier février et mars de l'année finye v^{c} xxii qui sont xvi^{m} l.

A monseigneur d'Azay[2], président de la chambre des comptes à Paris, la

(1) Coucy-le-Château, arr. de Laon (Aisne).

(2) Gilles Berthelot, seigneur d'Azay-le-Rideau, président de la Chambre des Comptes, général des finances pour la Normandie, puis trésorier de France, s'enfuit à Metz en 1527, puis à Cambray, où il mourut. Il était allié aux Briçonnet, à Adam Fumée et à Semblançay. Cet article, dont le texte est peu clair, indique seulement que Berthelot recevra un don de 2,000 écus sur les deniers casuels et qu'il continuera de percevoir ses épices habituels, bien qu'il fasse partie

somme de deux mil escuz soleil dont le roy luy a faict don, laquelle somme led. seigneur veult et entend estre payée aud. seigneur d'Azay par le receveur général de ceste charge des deniers d'icelle ou de ceulx qui sont venuz ou pourront venir à cause des admortissemens et autres deniers extraordinaires que led. receveur général pourra recevoir par ses descharges, sans autre acquict ou mandement fors ce présent estat, en vertu duquel led. seigneur général fera payement aud. seigneur d'Azay de lad. somme comme dict est, qui luy sera allouée en ses comptes en rapportant la quictance dud. seigneur d'Azay tant seullement, et pareillement, la somme que payée luy aura en ceste présente année pour ses droictz d'espices dont aussi led. seigneur luy faict don pour le temps qu'il a esté et sera absent de sa chambre des comptes ocuppé pour ses affaires, ainsi que ordonné luy auroict led. seigneur en ces estatz des années précédentes, et ce oultre et par dessus les autres dons, tauxations, gaiges, pensions et autres bienfaictz qu'il a eu et pourra avoir dud. seigneur.

Partyes payées comptant par ordonnance et commandement ou lieu de la partye ordonnée par le roy en ce présent estat pour lad. année pour les cas inopinez montans la somme de III^cm l. t.[1].

Aux Lucquois[2] sur la somme de LXXVI^m v^c IIII^xx XIX l., a esté payé . . . . XXVII^m l.

A Baronnat et aux Génevois[3] la somme de . . . . XXIIII^m III^c l.

Normandie généralité. A monseigneur le duc d'Alençon pour le reculement de sa pension de l'année v^c XXII . . . . VI^m l.

Languedoil généralité. A madame la duchesse pour le recullement de lad. année. VI^m l.

Aux dames de Navarre[4] pour le recullement de lad. année . . . . XII^c l. t.

de la commission du 17 janvier 1523 et qu'il n'exerce pas momentanément ses fonctions de président aux Comptes. Le fait d'inscrire ici des sommes qui devraient figurer au compte de l'extraordinaire constitue une irrégularité. C'est en même temps une cause de confusion qui tient au manque d'unité de toute cette comptabilité.

[1] Nous ne trouvons nulle part dans l'*État des finances* une somme de 300,000 livres inscrite pour les «cas inopinés». De plus, les dépenses qui figurent ci-dessous s'élèvent à plus d'un million de livres. Elles devraient d'ailleurs toutes être portées dans d'autres chapitres de cet état.

[2] Aux banquiers lucquois, pour remboursement des prêts consentis aux généraux des finances. Ces banquiers étaient Louis et Antoine Bonvisi et François Minutelli.

[3] Aux banquiers génois, Geoffroy Baronnat, Michel de Mourilly et Barthélemy Garbanni.

[4] Filles de Jean d'Albret, roi de Navarre : Anne, femme de Jean de Foix Candale, Isabelle, femme de René de Rohan; Catherine, abbesse de la Trinité

Oultre-Seyne généralité III^m l. et Languedoil généralité III^m l

A monseigneur de Vandosme[1] pour pareille cause..... VI^m l. t.

Guyenne généralité

A feu monseigneur de Duras[2] M l. qui luy estoient deues M l.

Ausd. Lucquois pour le reste qui est encores à payer en ceste année XL^m V^c l., cy........................ XL^m V^c l. t.

A messire Jehan Joaquin[3] à cause de la partye des Géuevois VI^m VIIe é. soleil vallans[4].................. XIII^m V^c LXVIII l.

A Tomas Gadaigne[5] en l'aquict de monseigneur le séneschal de Lyon[6]............................. X^m CXXV l.

Au m^e de la chambre aux deniers du roy[7] pour partye de sa passe de l'année passée sur XV^m l. t........... V^m l. t.

Guyenne généralité XVIIe IIII^xx VI l. V s. VII d. Oultre-Seyne généralité le reste.

A receveur de l'escuyrie, qui fut emprunté sur l'assignation des hocquetons à Lyon ou mois de may V^c XXII.... III^m IX^c XXV l.

Au gouverneur de Gennes[8] et à l'archevesque de Sallerne, son frère[9], à Symonnet et Nicolas Frégouse ou lieu de leur pension de l'année V^c XXII.................. XXI^m IIII^c l.

Oultre-Seyne généralité

Pour le reculement de la pension du seigneur de Sedes, sa femme et ses enffans montant.................... V^m VIIe L l. t.

A monseigneur l'archevesque de Trèves[10] et son chancel-

de Caen; Quitterie, prieure de Prouille et Madeleine, religieuse. Quatre d'entre elles sont inscrites à l'état F pour des pensions de 1,200 l.

(1) Charles de Bourbon, duc de Vendôme, 1489-1537.

(2) Jean de Durfort, seigneur de Duras, commandant d'une compagnie, mort en 1520.

(3) Jean-Joachim de Passano, maître des requêtes.

(4) D'après tous les exemples que nous avions rencontrés jusqu'ici, l'écu soleil valait 40 s. t., taux fixé le 27 novembre 1516. L'anomalie que nous trouvons ici doit provenir de ce que les frais de change sont compris dans la somme de 13,568 l.

(5) Thomas Gadaigne, de Florence, banquier à Lyon.

(6) Henri Bohier, bailli de Mâcon et sénéchal de Lyon, frère du cardinal.

(7) Sébastien de Mareau.

(8) Octavien Fregoso, doge de Gênes, puis gouverneur au nom de François Ier. Fait prisonnier par les Espagnols en 1522.

(9) Frédéric Fregoso, archevêque de Salerne, cardinal. Réfugié en France en 1522, devient abbé de Saint-Bénigne de Dijon. Mort en 1541. — Simon et Nicolas Fregoso, ses frères, sont également inscrits pour des pensions à l'état G.

(10) Richard de Greiffenclau, archevêque de Trèves, un des agents les plus actifs de François Ier pendant l'élection impériale. Mort en 1531.

lier, aussi son secrétaire, pour leurs pensions qui estoient couchées en l'extraordinaire, la somme de..... vi^m iii^c l.

A Esme Berthe[1] naguères receveur de l'escuyrie pour les passes des années v^c xx et xxi, et de xxi^m v^c xxix l. xv s. vi d. dont a esté appointé en l'année finissant v^c xxii sur les cas inopinez de x^m l., Bretaigne et Oultre-Seyne par moictyé, et le reste montant xi^m v^c xxix l. xv s. vi d., qui devoient [estre] appointez sur l'extraordinaire.

A l'argentier du roi m^e Marc de La Rue[2] pour le reste de xviii^m ii^c xlv l., a esté appointé en l'année passée de viii^m l. sur Bretaigne, reste ix^m ii^c xlv l. qui luy sont deuez.

A l'argentier de la royne pour les passes des années v^c xx et xxi, comprins deux despenses des couches de lad. dame, c'est assavoir de madame Magdeleine[3] et de monseigneur d'Angoulesme[4] montans ensemble xlii^m iii^c xx l. xvii s., dont a esté apoincté en Bretaigne de xii^m l., reste xxx^m iii^c xx l. xvii s. t.

Oultre-Seyne généralité.

Au trésorier de l'artillerye, qui luy a esté payé comptant en la charge d'Oultre-Seyne, xi^m iiii^xx x l., cy......... xi^m iiii^xx x l. t.

A Jehan Carré[5], pour m^e Guillaume Budé[6].......... viii^c l. t.

A monseigneur le mareschal de Chabannes[7].......... iii^m l.

Plus qui luy sera deu pour les troys autres derreniers quartiers.................................. ix^m l.

A monseigneur de Célembert de Pycardye[8] pour sa pension obmise................................. iii^c l. t.

A monseigneur le mareschal de Montmorancy[9], sur xii^m l. vi^m l.

Plus que luy est encores deu de reste desd. xii^m l., vi^m l.. vi^m l. t.

Languedoc généralité.

Au capitaine Jehan Sallat[10] pour sa pension obmise à coucher en l'estat de l'année passée............... ii^c l. t.

(1) Aymard Berthe.

(2) Secrétaire et argentier du roi, auditeur des comptes en Bretagne.

(3) Née en 1520, mariée à Jacques Stuart, roi d'Ecosse, morte en 1536.

(4) Charles, duc d'Orléans et d'Angoulême, 1522-1545.

(5) Commis au payement des officiers domestiques du roi.

(6) Maître des requêtes de l'Hôtel, bibliothécaire du roi, 1467-1540.

(7) Voir plus haut, chapitre III des dépenses.

(8) Colambert, arr. de Boulogne (Pas-de-Calais). Le seigneur de Colambert est également inscrit pour une pension à l'état G.

(9) Voir plus haut, chapitre VIII des dépenses.

(10) Inscrit plus bas pour la garde des harnais.

Au trésorier de Languedoc, qui luy estoit deu en é. soleil. . . . . . II^m XXV l.

Languedoc généralité. A messire Galéas Vicomte[1] pour le parfaict de dix mil livres . . . . . . XV^c l. t.

A Bernard de La Salle pour sa pension à prandre sur le grenier de Narbonne . . . . . . VI^c l. t.

Aux cordeliers de frère Jehan Bourgois[2] en aulmosne pour l'année passée . . . . . . II^c l. t.

Prouvence Pour les remboursemens d'empruncts et autres partyes sur Prouvence, sur XVIII^m l., XIIII^m l., et dont fault veoir le compte . . . . . . XIIII^m l.

Bretaigne. Pour victuailles mises à Brestz, la somme de . . . . . . VIII^m VII^c XIII l. t.

Pour victuailles mises à Sainct-Malo . . . . . . V^m IX^c IIII^xx V l.

Pour victuailles mises en la place de Concq[3] . . . . . . XII^m LX l.

Pour le doub[4] de la nef de Rouen, la somme de . . . . . . IIII^m l.

Aux fondeurs qui font la foute en Bretaigne a esté baillée la somme de . . . . . . III^m l.

Au trésorier de Bretaigne pour le payement des postes et voyaiges, la somme de . . . . . . III^m VIII^c IIII^xx V l.

A monseigneur Luyllier[5] pour son deffray pour avoir esté à l'assemblée des estatz tenuz à Rennes . . . . . . III^c l. t.

Pour l'équipaige et advitaillement des navires qui ont esté envoyées en Escosse[6], la somme de . . . . . . XVI^m VI^c IIII^xx IIII l.

A monseigneur de Lanjac[7] pour son passaige en Escosse. IIII^c l. t.

A Bertrand David vallet de pyed par acquict en Bretaigne. V^c l. t.

A m^e Thommas Régis[8], sur VIII^c l. de rente, ung quartier sur la prévosté de Nantes . . . . . . II^c l.

Pour le rabais des fermiers des impostz et billotz . . . . . . II^m l.

A monseigneur de Laval[9] pour le recullement de sa pension de l'année V^c XXI . . . . . . II^m V^c l. t.

(1) Voir plus haut, chapitre III des dépenses.

(2) Voir plus haut, chapitre Ier des dépenses.

(3) Concarneau, arr. de Quimper (Finistère).

(4) Équipement, armement.

(5) Guillaume Luillier, maître des requêtes de l'Hôtel.

(6) Il s'agit sans doute du voyage fait par le duc d'Albany en Écosse en 1521-1522.

(7) Jean de Langeac, évêque d'Avranches, maître des requêtes, chargé d'une mission en Écosse de mars à mai 1523.

(8) Archidiacre de Plougastel, maître des requêtes au Conseil de Bretagne.

(9) Guy XVI, comte de Laval, gouverneur et amiral de Bretagne, mort en 1531.

A luy pour le recullement de sa pension de l'année derrenière.................................... v^{m} l. t.

A monseigneur de Chasteaubriant [1] sur le recullement de sa pension de l'année passée..................... II^{m} v^{c} l. t.

A monseigneur du Pont Gandalle [2] pour sa pension de l'année v^{c} xx obmise à coucher en l'estat général..... XII^{c} l. t.

Languedoil généralité. LXIX^{m} v^{c} IIII^{xx} x l. Normandie généralité XLII^{m} IX^{c} L l. t.

A monseigneur le trésorier m^{e} Jehan Prévost [3] pour rembourser le seigneur de Samblançay et autres partyes qui ont esté empruntées, CXII^{m} v^{c} XL l. qui ont esté envoyées à Fontarabye, cy.......................... CXII^{m} v^{c} XL l.

Aud. Prévost pour envoyer en Suysse, xv^{m} l. qui auroient esté prins pour Guyenne, cy.................... xv^{m} l.

Par les quatre généralitez par quart.

Aux générauls de France pour leurs remboursemens de leurs prestz...................................... C^{m} l.

Normandye généralité x^{m} l. Languedoil généralité XII^{m} l. Languedoc généralité v^{m} l. Oultre-Seyne généralité v^{m} l. t.

A messeigneurs les trésoriers de France pour semblable.. XXXII^{m} l.

Oultre-Seyne généralité

A monseignèur le général de Bourgongne [4], prest...... xx^{m} l.

Guyenne généralité.

Aud. trésorier Prévost qu'il a fourny pour envoyer en Guyenne.................................. III^{m} l. t.

Languedoil généralité.

Pour l'estat de monseigneur le Daulphin du quartier d'octobre, novembre et décembre v^{c} XXII............... xv^{m} l. t.

Bourgongne.

A l'esleu Jaqueron [5], II^{c} l. par acquict pour sa pension de l'année v^{c} XXII obmise à coucher en l'estat, cy........ II^{c} l. t.

Au maire de Dijôn Béuigne de Cyray en semblable...... II^{c} l. t.

Au cappitaine Gaudeffroy [6] pour semblable........... C l. t.

(1) Jean de Laval, seigneur de Châteaubriant, gouverneur et amiral de Bretagne, mort en 1542, cousin du précédent.

(2) Pierre de Foix, seigneur du Pont, fils de Gaston II de Foix, comte de Candale.

(3) Commis à l'extraordinaire des guerres, puis général de Guyenne. Neveu de Semblançay, fut poursuivi en même temps que ce dernier, mais se tira d'affaire avec la protection du roi.

(4) Raoul Hurault, seigneur de Cheverny, général de Bourgogne, gendre de Semblançay.

(5) Étienne Jacqueron, seigneur de La Mothe d'Argilly, maître des comptes à Dijon, inscrit à l'état G des pensions.

(6) Antoine Godefroy, capitaine d'Auxonne, déjà cité au chapitre VIII des dépenses.

Aux cordeliers de Mascon sur leur récompense........ vi^xx l. t.

Aux cappitaines des places de Bourgongne pour leur pension cinq cens vingt[1] livres la somme de.... .... viii^c iiii^xx x l. t.

A eulx pour le recullement du quartier de mars .... iiii^xx xviii l. xv s. t.

Au premier président de Bourgongne[2] pour voyaiges, par acquict................................. vii^xx l. t.

A m^e François (*en blanc*) pour sa récompense de son œil, par acquict................................ iii^c l. t.

Pour les voicturiers des vins de Bourgongne pour le roy viii^c l. t.

Pour les voiaiges, cas inopinés, dons, récompenses, fraictz d'artillerye, advitaillemens de chevaulx et autres messagerys montans viii^m v^c iiii^xx xiiii l., dont fault rabatre iii^m l. couchées en l'estat de Bourgongne et iii^m ii^c iiii^xx l. que monte l'angaigement du dommaine, qui sont vii^m ii^c iiii^xx l., reste en despense................. xiii^c xiiii l. t.

A monseigneur le grand m^e [3] pour le recullement de sa pension pour l'année v^c xxi et xxii la somme de....... ii^m v^c l. t.

Languedoil généralité. A monseigneur le grand escuyer[4] pour son recullement qui est de cinq mil livres desd. années............ v^m l. t.

A feu monseigneur Dange (?) pour semblable recullement la somme de............................. vi^c l. t.

Languedoil généralité A monseigneur de Villars[5] pour semblable........... iiii^c l. t.

Oultre-Seyne généralité. A monseigneur l'Admiral[6] pour le recullement de sa pension de l'année v^c xxii...................... ii^m ii^c l l. t.

A monseigneur de Hély[7] ou lieu de sa pension de l'année passée, par acquict....................... iiii^c l. t.

A monseigneur de Nyelle[8] en semblable, par acquict la somme................................ iii^c l. t.

Bourgongne. A monseigneur le mareschal de Montmorancy recullement, la somme de.......................... m l. t.

(1) Plusieurs mots ont été omis ici, dont l'absence rend le texte difficilement intelligible.

(2) Hugues Fournier, premier président au parlement de Bourgogne.

(3) René, bâtard de Savoie.

(4) Galéas de Saint-Séverin, seigneur de Mehun-sur-Yèvre, mort en 1525.

(5) Claude de Savoie, comte de Villars, fils de René, bâtard de Savoie, gouverneur de Provence, amiral des mers du Levant, mort en 1566.

(6) Guillaume Gouffier, seigneur de Bonnivet.

(7) Guillaume de Pisseleu, seigneur d'Heilly, inscrit à l'état F des pensions.

(8) Inscrit à l'état F des pensions.

A monseigneur le trésorier m^{e} Jehan Prévost la somme de iii^{c} xv^{m} l. qui sont deubz en Suysse à cause du voyaige de Pycardie et de Millan[1], cy lad. somme de. iii^{c} xv^{m} l.

A luy la somme de xvii^{m} l. qui sont deubz pour Suysse et sur les acquictz qui ont esté dépeschez par les quatre généralitez montans xiiii^{m} ciiii^{xx} ix l., pour ce que monseigneur l'admiral n'a fourny la somme de xi^{m} l. dont avoict esté faict compte, et pour la somme de vi^{m} l. t. dont a esté faict fons à monseigneur le général Morlet[2] pour les fraiz qu'il conviendra faire, pour ce.. xvii^{m} l.

Somme des deux partyes cy dessus.................. iiii^{c} xxxii^{m} l. t.

Appointement.

Languedoil généralité........................	iiii^{xx} xi^{m} iii^{c} iiii^{xx} iii l.
Normandye généralité.......................	lxxvii^{m} ii^{c} lxxiii l.
Languedoc généralité........................	liii^{m} vi^{c} lxxvi l. t.
Oultre-Seyne généralité......................	lx^{m} ciiii^{xx} xv l. t.
Guyenne généralité..........................	xl^{m} ix^{c} iiii^{xx} xii l.
Plus Oultre-Seyne généralité pour la Bourgongne...	v^{m} vi^{c} xxvi l. t.
Languedoil généralité pour Bretaigne...........	xxii^{m} v^{c} viii l. t.
Plus Normandye généralité ou lieu du dommaigne dud. Normandie..........................	v^{m} viii l.
Plus Languedoil généralité pour le dommaine dud. Languedoil............................	xv^{c} l. t.
Plus Oultre-Seyne généralité pour le dommaine d'Oultre-Seyne..........................	iii^{m} ii^{c} lxii l.
Plus Languedoc pour le dommaine dud. Languedoc.	iiii^{m} l. t.
Par quart. Item par les quatre généralitez................	xlii^{m} iii^{c} iiii^{xx} vii l.
Par quart. Item par lesd. quatre généralitez...............	xxiiii^{m} ciiii^{xx} viii l. t.
Somme pareille	

[1] Il s'agit de la campagne du duc de Vendôme contre les Impériaux et les Anglais en Picardie, en mai 1523, et de l'expédition préparée pour l'Italie, en vue de laquelle l'armée devait être réunie à Lyon au mois d'août suivant. Le maréchal de Montmorency était envoyé en Suisse pour y lever 12,000 hommes dans l'été de 1523.

[2] Jean Morelet du Museau, trésorier de l'extraordinaire, puis de l'ordinaire des guerres, général d'Outre-Seine et de Picardie, chargé de plusieurs missions en Suisse, en mars et juillet 1523.

Languedoil généralité. A monseigneur de Montpesat[1] sa pension de VIIIc l. de l'année vcXXII obmise en l'estat, cy .... VIIIc l. t.

Picardye c l. Normandie c l. Lyon IIc l. Guyenne c l. Tours c l. A gardes des harnois pour Picardye, Normandye, Guyenne, Tours et Lyon Jehan Sallat............. VIc l. t.

Languedoil dommaine. A monseigneur le premier président de Selva[2] par acquict qui luy estoict deu du temps qu'il a servy à Bourdeaulx .... VIc l.

Au visadmiral Lartigue[3] par les mains du trésorier de la marine à cause du voyaige de Fontarabye vm l., oultre IIIm l. qui ont esté baillées par led. trésorier, cy..... vm l. t.

Bretaigne, fault veoir le compte. Au trésorier de Bretaigne pour cas inopinez qui pourront survenir aud. pays la somme de xm l., cy........... xm l.

A monseigneur Dupuy[4] (*en blanc*) pour une fois, pour le revenu de La Bussière pour l'année passée.......... IIIcXL l. t.

Au Bastart du Jay[5] pour récompence de la Tour du Pin. IIIc l.

Au général de Prouvence pour sa pension de gaiges.... XIIc l.

Pour la moictyé du prest de monseigneur le trésorier Cottereau[6] .... vm l. t.

Nota vm l. Languedoc généralité. Le prest dud. trésorier devoibt estre de xm l. et n'en a baillé que cinq mil, et reviendra au roy bien les vm l. sur l'estat de la généralité du Languedoc...........

Pour les offices du trésor[7] nouvellement créés vc l. oultre xvc l. couchez cy-devant, pour ce................. vc l. t.

Somme dud. chapitre............... ung million LIIIm VIc II l. xv s. t.

[1] Antoine Des Prez de Lettes, seigneur du Fou et de Montpezat, lieutenant général en Languedoc, maréchal de France, mort en 1544.

[2] Jean de Selve, premier président au Parlement de Bordeaux, premier président à Paris en 1520, mort en 1529.

[3] Pierre de Bidoulx, seigneur de Lartigue, vice-amiral de Bretagne, avait été chargé du commandement de l'armée de mer dans les opérations qui avaient abouti à la reprise de Fontarabie.

[4] Peut-être Vincent du Puy, seigneur de Vatan, maître d'hôtel du roi, inscrit à l'état G des pensions.

[5] Jean, bâtard du Fay, lieutenant du capitaine de Pierrepont, avait reçu cette rente le 9 décembre 1521, pour la récompense de sa conduite au siège de Mézières.

[6] Jean Cottereau, trésorier de France en Languedoc. — Le trésorier Cottereau n'ayant prêté que 5,000 livres, dont il devait être remboursé sur les 32,000 livres inscrites plus haut, le crédit inscrit ici aurait dû être annulé.

[7] Édit de mars 1523, créant un président et trois conseillers à la Chambre du Trésor.

[Chapitre XVII.]

Languedoil dommaine. Pour la charge de Languedoil dommaine, pour les diminutions des fermes tant de la grand coustume de Bordeaulx [1] que autres, sera deschargé de la somme de xxx^m supporté sur l'année passée, et lad. somme de xx^m l. est en actandant que le trésorier de la charge [2] ayt apporté la vraye valleur de lad. charge, les vanditions et aliénations rabatues pour luy en faire vray rabaiz, cy — xxx^m l. t.

Normandie dommaine. Pour la charge de Normandye pour le dommaine sera faict en ce présent estat diminution pour semblable cause la somme de x^m l., en actandant que le trésorier [3] apportera la vraye valleur pour luy faire plus grand support selon ce que sera trouvé, cy................ — x^m l. t.

Picardye. Pour la charge de Picardye a esté faict support de la somme de xx^m l. pour les pertes, bruslemens et les fermes à cause des diminutions pour les guerres etc., en actandant la vraye valleur.................... — xx^m l.

Daulphiné. Au trésorier du Daulphiné pour les gaiges des conseilliers nouveaulx [4] qui ont servy en l'année passée, et aussy les auditeurs nouveaulx en la chambre des comptes [5] qui ont servy pour la terre de Voiron [6] qui a esté vendue à monseigneur de Clermont [7], au seigneur Barnabé [8] pour la terre de Sainct-Saphorin pour demye année, Medula et Jehan Joaquin [9] pour les terres qui

(1) La comptablie de Bordeaux était un droit de traite qui comprenait la petite et la grande coutume. Ces droits étaient perçus à Bordeaux, Blaye, Libourne et Bourg, à l'entrée et à la sortie de toutes les marchandises et denrées y compris le sel non soumis à la gabelle.

(2) Louis de Poncher.

(3) Florimond Robertet.

(4) Création de 4 conseillers au Parlement de Grenoble le 1er septembre 1521.

(5) Création de 2 maîtres auditeurs à la Chambre des Comptes de Grenoble, le 30 août 1521.

(6) Arr. de Grenoble (Isère).

(7) Claude de Clermont, gentilhomme de la Chambre du Dauphin, acquéreur de la terre domaniale de Voiron.

(8) Barnabé Visconti avait reçu le 1er juin 1522 une pension de 1000 livres et un logement dans le château de Saint-Symphorien-d'Ozon, arr. de Vienne (Isère).

(9) Voir plus haut, chapitre XVI des dépenses.

leur ont esté baillées et pour diminution des fermes, en tout IIIm vc l. dont il sera supporté, et en actandant les valleurs du fons de la charge et vériffication de toutes lesd. partyes, cy .... IIIm vc l. t.

Normandie — Pour la diminution du dommaine de Normandye qui a esté ordonné estre vendu pour la somme de vm l., qui seroict à dix pour cent la somme de vc l., et sur la généralité se doibt vendre autres vc l. de rente sur les greniers et gabelles, cy pour le dommaine .... vc l.

Pour les non valloirs et diminutions à cause des fermes des haulx passaiges de Victry et Chaulmont-en-Bassigny procédans à cause de la guerre la somme de........ IIIm l. t.

Normandie dommaine. — A monseigneur le trésorier Robertet[1] pour ses prestz, auquel est deu du temps passé oultre son derrenier prest la somme de XXIIIm l., cy .... XXIIIm l.

Languedoil dommaine — A monseigneur le trésorier Babou pour son prest qu'il a faict au roy dès l'année vcXXI, la somme de XXVIIIm VIIc L l. t. oultre son derrenier prest[2] dont il est assigné, cy. XXVIIIm VIIc L l. t.

Normandie dommaine — A monseigneur le changeur du trésor[3] qu'il a presté au roy, la somme de .... vm vc l. t.

Languedoc dommaine. — Pour la charge de Languedoc dommaine à cause des fermes vendues et alliénations .... IIIm IIIc XXXIII l. t.

Languedoc généralité — Pour les engaigemens faictz en Languedoc sur aydes et gabelles auparavant de l'année vcXXI, XVIIIc LII l., et pour rentes sur engaigemens sur l'ayde et gabelle en l'année vcXXI montans IIIm l., qui sont en tout .... vm VIIIc LII l. t.

Somme dud. chappitre..................... VIxx XVm IIIIc XXXV l.

Somme toute de la despense du présent estat, cinq millions IIIc IIIIxxm IIc LXIX l. t.

Et la recepte monte......................... vmons CLVm CLXXVI l. t.

Trop chargé de la somme de.................. IIc XXVIm LXIX l. t. qui se portera comme cy-après s'ensuyt.

[1] Florimond Robertet, seigneur d'Alluyes, trésorier de Normandie, mort en 1527. Son dernier prêt était de 7500 l. qui lui furent remboursées par mandement du 13 juillet 1523.

[2] Il avait prêté lui aussi 7500 l.

[3] Jacques Charmolue.

Languedoil généralité	xxx^m^ xix ls.
Normandie généralité	xxiii^m^ v^c^ l. t.
Oultre-Seyne généralité	xlix^m^ l. t.
Languedoc généralité	xxviii^m^ ix^c^ xlviii l. t.
La généralité de Guyenne	Néant
Bretaigne généralité	xx^m^ vi^c^ iiii l.
Picardye généralité	Néant
Bourgongne	Néant
Prouvence	xii^c^ l.
Daulphiné	vi^c^ xl l. t.
Languedoil dommaine	xxviii^m^ iii^c^ l l.
Normandye dommaine	xxviii^m^ v^c^ l.
Oultre-Seyne dommaine	viii^m^ vi^c^ xxv l.
Languedoc dommaine	viii^m^ iii^c^ xxxiii l. t.
Somme desd. trop charges des estatz particulliers	ii^c^ xxvi^m^ ii^c^ xxiiii l. t.

Ainsi taré de vii^xx^ xv l. à cause de deux partyes, l'une de iiii^xx^ xix l. dud. dommaine de Bourgongne, et l'autre du dommaine d'Oultre-Seyne, iii^xx^ x l. t. Arresté à St-Germain le premier jour de may mil v^c^ xxiii.

Il a esté payé au visadmiral de Bretaigne pour son voiage de Fontarabye v^m^ l. t. qui sont couchez en l'estat particullier dud. Bretaigne et non au présent estat général. Il a esté employé aud. estat particullier de Bretaigne x^m^ l. pour cas innopinez qui ne sont point aud. présent estat général.

[État A.]

Le roy a commandé au mois de juing mil cinq cens vingt trois à Sainct-Germain-en-Laye sa taille pour l'année prochaine de la somme de ii^mons^ iii^cm^ l. t. payable, c'est assavoir au moys de juillet la somme de vi^c^ xii^m^ vi^c^ ix l. par forme de creue et d'anticippation, et xviii^cm^ aux termes cy-après, en septembre viii^c^ l^m^ l. t., en décembre vi^c^ l^m^ l. t., et en mars ensuyvant iii^cm^ l., qui est lad. somme de ii^mons^ iiii^cm^ l. t.

Département de lad. creue montant vi^cm^ l. t.

Languedoil généralité, comprins xviii^c^ lvi l. t. pour les affranchissemens	ii^c^ xii^m^ ix^c^ xii l.
Normandie. comprins les affranchissemens cxix l., cy	vii^xx^ x^m^ viii^c^ xlii l.
Oultre-Seyne, comprins les affranchissemens montans ii^c^ ii l., cy	c^m^ cxlii l.

Languedoc, comprins les affranchissemens montans IIᵐ IIIIˣˣ X l. pour Thoulouse	LXXVIIIᵐ VIIᶜ LXII
Guyenne, comprins les affranchissemens IIᵐ Vᶜ XXIIII l., cy	LVIIIᵐ LIX
Picardye, comprins IXᶜ XXXVI l. pour les affranchissemens et ung support IIIIᵐ VIIIᶜ IIIIˣˣ II l. jusques à la fin de l'année, reste	XIᵐ VIIIᶜ IIIIˣˣ XIII l.
Somme toute	VIᶜ XIIᵐ VIᶜ IX l. t.

Le terme de septembre monte VIIIᶜ Lᵐ l.

Département.

Languedoil	IIᶜ IIIIˣˣ XIIIᵐ LXXVIII l. t.
Normandye	IIᶜ VIIᵐ VIᶜ XXXVIII l
Oultre-Seyne	VIˣˣ XVIIᵐ VIIIᶜ XLVIII l. t.
Languedoc	CVIIIᵐ IXᶜ XVI l. t.
Guyenne	LXXIXᵐ IXᶜ XX l. t.
Picardye	XVIᵐ IIIᶜ LXXI l. t.
Somme	VIIIᶜ XLIIIᵐ VIIᶜ LXX l. t.

Le terme de décembre monte VIᶜ Lᵐ l. t.

Languedoil	IIᶜ XXIIIIᵐ CXVIII l. t.
Guyenne	LXIᵐ CXV l.
Normandie	VIIˣˣ XVIIIᵐ VIIᶜ IIIIˣˣ II l. t.
Oultre-Seyne	CVᵐ IIIIᶜ XIII l. t.
Languedoc	IIIIˣˣ IIᵐ IXᶜ VI l. t.
Picardye	XIIᵐ Vᶜ XIX l. t.
Somme	VIᶜ XLIIIIᵐ VIIIᶜ LIII l. t.

Le terme de mars monte IIIᶜᵐ l. t.

Languedoil	IIIIˣˣ XIXᵐ IIᶜ LXIIII l.
Guyenne	XXXVIᵐ VIᶜ LVIII l.
Normandye	LXIXᵐ X l. t.
Oultre-Seyne	XLVᵐ VIIIᶜ XIII l. t.
Languedoc	XXXVᵐ Vᶜ XXXIII l.
Picardye	Vᵐ IIIIᶜ LI l. t.
Somme	IIᶜ IIIIˣˣ XIᵐ VIIᶜ XXIX l. t.
Somme toute	IIᵐᵒⁿˢ IIIᶜ IIIIˣˣ XIIᵐ IXᶜ LXI l. t.

[État B.]

Le roy à Sainct-Germain-en-Laye a commandé le IXme jour de juillet prandre et anticipper II^cm^ l. sur le terme de juillet et les faire lever avec les VI^c^XII^m^VI^c^IX l. qui sont ordonnées estre levéz aud. terme de juillet sans toucher aux terme de septembre et décembre.

Département.

Languedoil	LXVIII^m^ VI^c^ LXVI l. II s. V d.
Normandye........................	XLVIII^m^ VIII^c^ XVI l. VI s. VIII d. t.
Oultre-Seyne........................	XXXII^m^ III^c^ LXXVII l. XV s. t
Languedoc........................	XXXIIII^m^ VIII^c^ XII l. XVII s. VI d. t.
Guyenne........................	XVIII^m^ VIII^c^ IIII l. XVIII s.
Picardye........................	IIII^m^ V^c^ XL l. t.
Somme........................	IX^xx^ XVII^m^ XVIII l. I s. II d.

Tare de II^m^ IX^c^ IIII^xx^ I l. XVIII s. X d. t.

Aux trésoriers des guerres, que le roy leur a ordonné, L^m^ l. à prandre sur les IX^xx^ XVII^m^ XVIII l. de l'autre part ou lieu de semblable somme qu'ilz estoient appoinctés sur les admortissemens et sur m^e^ Jaques Ragueneau [1] qui les fera bons pour l'extraordinaire,

Languedoil........................	XVII^m^ III^c^ XVI l. III d. t.
Guyenne........................	IIII^m^ VII^c^ LXVI l. IIII s. VII d.
Oultre-Seyne........................	VIII^m^ II^c^ XIIII l. VIII s. XI d. t.
Normandye........................	XII^m^ III^c^ IIII^xx^ XVI l. I s. X d.
Languedoc........................	VI^m^ III^c^ VI l. III s. IIII d.
Picardye........................	IX^c^ I l. t.

Somme L^m^ l. pareille,

Pour l'extraordinaire de ce royaulme	VII^xx^ VII^m^ XVIII l. I s. I d. t.
Languedoil........................	LI^m^ II^c^ L l. II s. I d.
Guyenne........................	XIIII^m^ XXXVIII l. XIIII s. IIII d.
Oultre-Seyne........................	XXXIIII^m^ CLXIII l. VI s. t.
Normandye........................	XXXVI^m^ IIII^c^ XX l. IIII s. X d. t.
Languedoc........................	XVIII^m^ V^c^ VI l. XIII s. II d.
Picardye........................	II^m^ VI^c^ XXXIX l. t.

Somme pareille.

[1] Secrétaire du roi, chargé de plusieurs commissions financières, et notamment de la recette des droits d'amortissement.

[État C.]

Le roy a ordonné à Sainct-Germain-en-Laye ou moys de juing mil cinq cens vingt troys estre prins la somme de cinquante mil livres tournois par forme d'emprunct sur tous les officiers de son royaulme tant de messeigneurs les trésoriers de France que de messeigneurs les généraulx, comprins Bretaigne, Bourgongne et Picardye, lad. somme de l^{m} l. led. seigneur a ordonné d'en faire estat pour son extraordinaire du voyaige d'Ytalye.

Département de lad. somme de l^{m} l. t.

Languedoil dommaine sur xiiii^{m} ii^{c} xl l., que est demye omise[1], cy pour ung quartier.................. vii^{m} cxx l. t.

Normandye dommaine sur vi^{m} cxxxviii l., qui est demye année.................................. iii^{m} lxix l.

Oultre-Seyne dommaine sur x^{m} cx l. t., cy pour ung quartier.................................. v^{m} iii^{c} lv l. t.

Languedoc dommaine sur ix^{m} iii^{c} xxx l., cy pour led. quartier.................................. iiii^{m} vii^{c} xv l. t.

Somme pour le dommaine...................... xx^{m} iii^{c} lix l. t.

Généralitez

Languedoil et Guyenne sur xiiii^{m} ii^{c} lxi l. cy le quartier.. vii^{m} cxxx l. t.
Plus à iiii s. pour livre davantaige .... xiiii^{c} xxvi l.
Normandye sur viii^{m} v^{c} lxxv l.................. iii^{m} ii^{c} iiii^{xx} v l.
Plus à iiii s. pour livre.......................... viii^{c} lvii l. x s. t.
Oultre-Seyne sur xii^{m} ix^{c} lxx l. cy le quartier ...... vi^{m} iii^{c} iiii^{xx} v l.
Plus à iiii s. pour livre davantaige................ xii^{c} lxxvii l. t.
Languedoc sur iii^{m} viii^{c} iiii^{xx} l. cy .... xviii^{c} iiii^{xx} x l.
Plus à iiii s. pour livre davantaige .... iii^{c} lxxviii l.
Picardye sur iii^{m} viii^{c} xii l...................... xix^{c} vi l. t.
Plus à iiii s. pour livre davantaige................ iii^{c} iiii^{xx} i l.
Bretaigne sur iiii^{m} l......................... ii^{m} l. t.
Plus à iiii s. pour livre......................... iiii^{c} l.
Bourgongne sur iii^{m} ii^{c} xliii l..................... xvi^{c} xxi l.
Plus à iiii s. pour livre......................... iii^{c} xxiiii l.

Somme desd. généralitez .... xxx^{m} iii^{c} lxiiii l.

Somme toute.............................. l^{m} vii^{c} xxii l. t.

[1] C'est-à-dire en omettant la moitié de l'année, ou pour six mois.

[État D.]

Estat des villes franches

qui ont octroyé pour souldoyer gens de pied au roy durant son affaire de la guerre à commancer du xvme jour de mars mil cinq cens vingt et un, lesquelles ont payé selon le taux des hommes et pour les quartiers qui s'ensuyvent.

Et premièrement :

Généralité d'Oultre-Seyne.

Troyes pour deux cens hommes doibt deux quartiers, assavoir est le derrenier quartier de l'année passée et cellui qui est escheu le xvme de ce moys de juing à raison de iii^{m} vi^{c} par quartier, cy .... vii^{m} ii^{c} l.

Beauvois, iiii^{xx} x hommes, doibvent deux quartiers, le derrenier de l'année passée et le premier de ceste année à raison de ii^{m} vii^{c} l. par quartier, cy................ v^{m} iiii^{c} l. t.

Le marché de Meaulx[1], dix hommes pour deux quartiers comme dessus à ix^{xx} l. pour quartier, cy............ iii^{c} lx l. t.

Chartres, cinquante hommes aussi pour deux quartiers cydessus à raison de ix^{c} l., cy.................... xviii^{c} l.

Somme totalle sur lad. généralité d'Oultre-Saine........ xiiii^{m} vii^{c} lx l. t.

Languedoc.

Thoulouse, cinq cens hommes pour troys quartiers, assavoir est deux quartiers de l'année passée et le premier de ceste année, cy pour lesd. troys quartiers .... xxvii^{m} l.

Somme de lad. généralité .... xxvii^{m} l. t.

Normandye.

Eu pour vingt hommes pour deux quartiers comme dessus à iii^{c} lx l. t. par quartier........................ vii^{c} xx l. t.

Louviers pour trente hommes pour deux quartiers à v^{c} xl l. pour quartier montant .... m iiii^{xx} l. t.

Alençon, dix hommes pour deux quartiers comme dessus à ix^{xx} l. pour quartier........................ iii^{c} lx l. t.

Ponteaudemer, Dyeppe et Caen sont exemptz.

Somme de lad. généralité........................ ii^{m} clx l. t.

(1) Partie de la ville de Meaux située sur la rive gauche de la Marne.

Languedoil.

Orléans pour deux quartiers, scavoir est le derrenier de l'année passée et le premier de ceste année pour cinq cens hommes à IX^m l. pour quartier, cy	XVIII^m l.
Bourges, cent hommes pour deux quartiers comme dessus à XVIII^c l. par quartier	III^m VI^c l.
Yssoudun, vingt hommes pour deux quartiers à III^c LX l. t. pour quartier	VII^c XX l. t.
Angers, cent hommes pour deux quartiers comme dessus à XVIII^c l. pour quartier, et III^c l. qui doibvent encore du deuxiesme quartier	III^m IX^c l.
Bloys, cinquante hommes pour deux quartiers comme dessus doibt à raison de IX^c l. pour quartier	XVIII^c l.
Poictiers pour cent hommes doibt troys quartiers de l'année passée dont ilz furent tenuz quictez pour deux mil livres, et ne doibvent présentement que le premier quartier de ceste année montant la somme de	XVIII^c l.
Tours, cent hommes pour deux quartiers à XVIII^c l. pour quartier	III^m VI^c l. t.
Amboyse ville et faulx bourgs, dix hommes pour deux quartiers à IX^xx l. pour quartier	III^c LX l.
Somme des deniers seurs de lad. généralité	XXXIII^m VII^c IIII^xx l.

Somme totalle. LXXVII^m VII^c l., jusques au premier jour de juing mil V^c XXIII.

Estat de ce qu'il fauldra recouvrer des villes cy-devant déclarez pour ung quartier commançant le premier jour de juing mil cinq cens vingt troys.

Et premièrement.

Généralité d'Oultre-Seyne.

Troyes pour deux cens hommes pour led. quartier à III^m VI^c l. pour quartier, cy	III^m VI^c l. t.
Beauvois, IIII^xx X hommes à raison de II^m VII^c l. pour quartier.	II^m VII^c l. t.
Le Marché de Meaulx, dix hommes pour led. quartier	IX^xx l. t.
Chartres, cinquante hommes pour led. quartier	IX^c l. t.
Somme de lad. généralité	VII^m III^c IIII^xx l. t.

Languedoc.

Thouloze pour V^c hommes pour led. quartier	IX^m l. t.

Somme par soy.

Normandye pour le quartier commançant le premier jour de juing.

Eu, xx hommes pour led. quartier	III° LX l. t.
Louviers, xxx hommes pour led. quartier	V° XL l. t.
Alençon, x hommes pour icellui quartier	IX^XX l. t.
Somme de lad. généralité pour led. quartier	M IIII^XX l. t.

Languedoil.

Orléans, v° hommes pour led. quartier	IX^m l. t.
Bourges, cent hommes pour led. quartier	XVIII° l.
Yssouldun, vingt hommes pour led. quartier	III° LX l. t.
Angers, cent hommes pour led. quartier	XVIII° l.
Bloys, cinquante hommes pour led. quartier	IX° l.
Poictiers, cent hommes pour led. quartier	XVIII° l.
Tours, cent hommes pour led. quartier	XVIII° l.
Amboyse ville et faulxbourgs, deux hommes pour led. quartier	IX^XX l. t.
Somme de lad. généralité pour led. quartier	XVII^m VI° XL l. t.
Somme toute dud. quartier commançant en juing mil v° XXIII.	XXXV^m C l. t.
Somme toute tant des quartiers passez et escheuz que dud. quartier	CXII^m VIII° l. t.

Arresté à Sainct-Germain le XXIXme jour de juing mil cinq cens XXIII.

[État E.]

En l'année mil cinq cens vingt troys, le roy a ordonné demander à toute église de son royaulme, en ce comprins Bretaigne et Daulphiné, deux décimes et demye, le tout monte selon le département qui en a esté faict pour les diocèses ainsi que s'ensuyt, monte led. ayde la somme de XI° IIII^XX V^m II° XXI l.

Et premièrement.

Le diocèse de Sens	XXV^m VI° LVIII l.
Paris	XI^m VII° IIII^XX I l.
Orléans	XV^m V° XII l.
Chartres	XXIX^m VIII° XXX l.
Auxerre	VI^m V° IIII^XX XIIII l.
Troyes	XII^m II° XLVII l.
Meaulx	XI^m CLXIII l.

Nevers	vii^{m} v^{c} xxvii l.
Reims	ix^{m} cxxxiiii l.
Noyon	iiii^{m} iiii^{xx} iiii l.
Laon	iiii^{m} cxxi l. t.
Senlis	xix^{c} iiii l.
Arras	Néant.
Thérouenne[1]	iiii^{c} lxvi l. t.
Amyens	x^{m} iii^{c} lxiiii l. t.
Tournay	Néant.
Beauvais	vi^{m} iiii^{c} lxviii l. t.
Chaalons	v^{m} vii^{c} lxvi l.
Soyssons	vi^{m} iii^{c} lxxii l. t.
Tours	xv^{m} cxix l.
Angers	xxviii^{m} vi^{c} xxxv l.
Le Mans	xxi^{m} lxxvi l.
Bourdeaulx	xv^{m} xv l.
Poictiers	xxvi^{m} v^{c} ix l.
Angoulesme	vii^{m} ii^{c} l. t.
Condon	xi^{m} iiii^{c} lxxix l. t.
Luçon	vii^{m} xxxvi l. t.
Maillerais[2]	viii^{m} v^{c} ix l. t.
Xaintes	xix^{m} vi^{c} xx l. t.
Périgueux	xiiii^{m} iii^{c} xxxvi l.
Sarlat	viii^{m} ix^{c} iiii^{xx} x l.
Agen	xviii^{m} ii^{c} xlix l. t.
Toulouze	xvii^{m} ii^{c} lvii l.
Mirepoix[3]	vii^{m} v^{c} lxiii l. t.
Montauban	viii^{m} iii^{c} xxxiii l.
Rieulx[4]	vii^{m} iiii^{c} lvii l. t.
Lavaour	ix^{m} ii^{c} lii l.
St-Papol[5]	iiii^{m} vii^{c} xlviii l.
Lombès	viii^{m} xiii l. t.
Palmiers	iii^{m} vi^{c} lxxix l. t.
Aix	xix^{m} v^{c} iiii l. t.
Aire[6]	ix^{m} ii^{c} xxxi l.
Lectore	iii^{m} iiii^{c} vi l.

(1) Arr. de Saint-Omer (Pas-de-Calais), province ecclésiastique de Reims.

(2) Maillezais, arr. de Fontenay (Vendée), province de Bordeaux.

(3) Arr. de Pamiers (Ariège), province de Toulouse.

(4) Rieux, arr. de Muret (Haute-Garonne), province de Toulouse.

(5) Saint-Papoul, arr. de Castelnaudary (Haute-Garonne), province de Toulouse.

(6) Arr. de Saint-Sever (Landes), province d'Auch.

Comynge[1]	v^{m} iiii^{c} vii l. t.
Tarbe	vi^{m} iii^{c} lvi l.
Bayonne	ii^{m} ii^{c} lxvi l.
Darqs	ix^{m} vii^{c} xv l. t.
Couserans[2]	ii^{m} viii^{c} xiiii l. t.
Bazas	vii^{m} iii^{c} xl l. t.
Lesca[3]	ii^{c} iiii^{xx} iii l. t.
Nerbonne	x^{m} iii^{c} vi l. t.
Carcassonne	x^{m} iii^{c} xlix l.
Nysmes	xi^{m} vi^{c} xi l. t.
Maguelonne[4]	vii^{m} iii^{c} lxviii l.
Agde	ii^{m} viii^{c} x l. t.
Beziers	viii^{m} vii^{c} iiii^{xx} i l.
Alecth[5]	iii^{m} ix^{c} xlv l. t.
Uzès	x^{m} iii^{c} iiii^{xx} ii l.
Lodesve	ii^{m} ii^{c} xv l. t.
St-Pons	ii^{m} iii^{c} xxxiiii l. t.
Bourges	xlv^{m} viii^{c} iiii^{xx} x l. t.
Clermont	xxxiiii^{m} vi^{c} iiii^{xx} x l.
Lymoges	xxviii^{m} v^{c} iiii^{xx} xix l.
Castres	vi^{m} ix^{c} lxxix l.
Vabre[6]	iiii^{m} vii^{c} lviii l.
Sainct-Flour	ix^{m} viii^{c} xviii l.
Alby	xix^{m} iii^{c} xvii l.
Rhoddès	xxiiii^{m} c iiii l. t.
Cahours	xxv^{m} ix^{c} iiii^{xx} x l. t.
Mende	ix^{m} vii^{c} lii l. t.
Thulle	v^{m} iii^{c} ii l. t.
Le Puy	viii^{m} xxxv l. t.
Lyon	xix^{m} ii^{c} xxxvii l.
Challon	ix^{m} v^{c} ii l. t.
Mascon	vii^{m} vii^{c} lxxviii l.
Ostun	xxii^{m} vii^{c} xxv l. t.
Langres	xix^{m} ii^{c} xiii l.

[1] Évêché de Comminges, à Saint-Bertrand-de-Comminges, arr. de Saint-Gaudens (Haute-Garonne), province d'Auch.

[2] Évêché de Couserans, à Saint-Lizier, arr. de Saint-Girons (Haute-Garonne), province d'Auch.

[3] Lescar, arr. de Pau (Basses-Pyrénées), province d'Auch.

[4] Arr. de Montpellier (Hérault), province de Narbonne.

[5] Alet, arr. de Limoux (Aude), province de Narbonne.

[6] Arr. de Sainte-Affrique (Aveyron), province de Bourges.

Rouen	LI^{m} XXXIIII l. t.
Bayeulx	XVIII^{m} III^{c} XLI l.
Lyzieulx	XVIII^{m} VIII^{c} LXXIIII l. t.
Coustances	XVI^{m} VII^{c} LXXVIII l. t.
Séez	XV^{m} VI^{c} IIII^{xx} l. t.
Avranches	X^{m} IX^{c} XLVII l. t.
Evreulx	XVI^{m} IX^{c} II l. t.
Nantes	XIIII^{m} VIII^{c} LVIII l.
Vannes	XI^{m} III^{c} XXXVIII l.
Sainct-Malo	IX^{m} CXLVIII l. t.
Cornuaille [1]	XIII^{m} V^{c} L l. t.
Rennes	X^{m} V^{c} LXV l. t.
Tréguier [2]	V^{m} V^{c} LVII l. t.
Léon [3]	III^{m} II^{c} XLVI l.
Dol [4]	IIII^{m} II^{c} XXII l.
Sainct-Brieu-de-Vaulx	VI^{m} II^{c} XLVIII l.
Vienne	IX^{m} IIII^{c} L l. t.
Grenoble	VIII^{m} II^{c} LXXVI l.
Vyviers	VII^{m} IX^{c} LV l.
Ambrun	III^{m} III XXI l. t.
Vallance et Dye	IX^{m} VIII^{c} IIII^{xx} VI l. t.
Gap	VI^{m} II^{c} IIII^{xx} VI l. t.
La prévosté d'Ours [5]	V^{c} LXV l. t.
Les cures de la chastellenye de Chasteau-Dauphin [6].	IIII^{xx} II l. t.
Sainct-Pol [7]	IX^{c} LVIII l. t.
Les bénéfices du diocèse de Vézon [8] assis ou Dauphiné	III^{c} I l. t.
Autres bénéfices dud. pays qui sont du diocèse de Belet [9]	III^{c} IIII^{xx} XVI l.
Aix	IIII^{m} V^{c} LV l. t.
Digne	XI^{c} XLVII l. t.
Grace	XIX^{c} XLIX l.
Glandèves [10]	IX^{c} XII l. t.

(1) Quimper.
(2) Arr. de Lannion (Côtes-du-Nord), province de Tours.
(3) Saint-Pol-de-Léon, arr. de Morlaix (Finistère), province de Tours.
(4) Arr. de Saint-Malo (Ille-et-Vilaine), province de Tours.
(5) Oulx, sur la Doire Ripaire, en Piémont.
(6) Vallée de Château-Dauphin, en Piémont, entre Embrun et Saluces.
(7) Saint-Paul-Trois-Châteaux, arr. de Montélimar (Drôme), province d'Arles.
(8) Vaison, arr. d'Orange (Vaucluse), province d'Avignon.
(9) Belley.
(10) Commune d'Entrevaux, arr. de Castellane (Basses-Alpes), province d'Embrun.

Senez[1]	xviii^{c} vi l.
Vance[2]	xiii^{c} lx l. t.
Apt	ix^{c} lvii l. t.
Riez[3]	xvi^{c} iiii^{xx} x l. t.
Fréjuz	iii^{m} viii^{c} xxxv l. t.
Cisteron	ii^{m} vii^{c} lxvi l.
Arle	iii^{m} clxx l. t.
Marseille	xv^{c} iiii^{xx} i l. t.
Avignon, pour ce qui est en Prouvence	xv^{c} xlviii ls.
Cavaillon[4] et Carpantras, *id*	ciii l. t.
Thoullon	xi^{c} iiii^{xx} xvii ls.
Ambrun, ce qui est en Provence	vii^{xx} xvi l. t.
Somme total	xi^{c} iiii^{xx} v^{m} ii^{c} xxi l. t.

[Etat F.]

Estat des pensions

ordonnées par le roy aux princes seigneurs et dames de son sang, gentilzhommes et autres pour une année commançant le premier jour de janvier mil cinq cens vingt deux et finissant le derrenier jour de décembre mil cinq cens vingt troys.

Premièrement.

Normandie généralité.	A monseigneur d'Alençon	xxiiii^{m} l.
Languedoil généralité.	A madame la duchesse d'Alençon	[5] xxiiii l. t.
Dommaine Normandye xvii^{m} v^{c} iiii^{xx} ii l. Oultre-Seyne généralité vi^{m} iiii^{c} xviii l. t.	A monseigneur le duc de Lorraine[6]	xxiiii^{m} l. t.
Normandie généralité.	A monseigneur de Guyse[7]	x^{m} l. t.

(1) Arr. de Castellane (Basses-Alpes), province d'Embrun.

(2) Vence, arr. de Grasse (Alpes-Maritimes), province d'Embrun.

(3) Arr. de Digne (Basses-Alpes), province d'Aix.

(4) Arr. d'Avignon (Vaucluse), province d'Avignon.

(5) Corriger : xxiiii^{m} l. t.

(6) Antoine, duc de Lorraine et de Bar, beau-frère du connétable Charles de Bourbon, 1490-1544.

(7) Claude de Lorraine, duc de Guise, comte d'Aumale, pair et grand veneur de France, gouverneur de Bourgogne et de Champagne, frère d'Antoine. 1496-1550.

Dommaine Normandie vii^c xxv l. Dommaine Oultre-Seyne xvii^c xxxvii l. Dommaine Languedoc xxxviii l. t.	A Françoys monseigneur de Lorrayne[1].	iii^m l. t.
Languedoc généralité vi^m l. Picardye généralité iiii^m l.	A monseigneur de Vandosme.	x^m l. t.
Picardye	A luy, le gouvernement de Picardye.	iiii^m l. t.
Languedoc généralité iiii^m l. Picardye vi^m l.	A monseigneur de Sainct-Pol, comprins le gouvernement de Paris.	x^m l.
Languedoil généralité.	A monseigneur de Longueville.	iiii^m l.
Normandie géneralité.	A monseigneur d'Albanye	xii^m l. t.
Guyenne généralité.	A monseigneur de Lautrec.	x^m l.
	A luy pour le gouvernement de Guyenne.	vi^m l. t.
Dommaine Languedoil ii^m iiii^c l. Languedoil généralité iii^m vi^c ls.	Au duc de Lunebourg[2].	vi^m l. t.
Généralité Languedoil iiii^m l.	A monseigneur d'Orval.	x^m l. t.
Guyenne généralité.	A luy pour le gouvernement de Champaigne	ii^m l. t.
Languedoil généralité.	A monseigneur de la Trimoille[3].	x^m l.
	A luy pour le gouvernement de Bourgongne.	iiii^m l. t.
Languedoil généralité.	A luy, l'admiraulté de Guyenne.	iii^m l. t.
	A luy, l'admiraulté de Bretaigne.	xii^c l. t.
Languedoil généralité ii^m v^c l. Bretaigne vii^m v^c l. t.	A monseigneur de Laval.	x^m l. t.
Oultre-Seyne dommaine vi^c l. généralité x^m iiii^c l. t.	A monseigneur le mareschal de Lapalisse.	xii^m l.
Oultre-Seyne généralité à Jehan Carré xii^c l.	A monseigneur le mareschal de Montmorency.	xii^m l. t.

[1] François de Lorraine, seigneur de Lambesc, frère d'Antoine et de Claude, mort en 1525.

[2] Henri, duc de Brunswick-Lunebourg, 1468-1532.

[3] Louis II de la Trémoille, 1460-1525.

Languedoil généralité II^m l. Guyenne généralité VIII^m l.	A monseigneur le mareschal de Lescun [1].............	x^m l. t.
Languedoil généralité.	A monseigneur le grand m^e.........................	XII^m ls.
Généralité Languedoil.	A monseigneur l'admiral..........................	x^m l. t.
Languedoil généralité.	A monseigneur le prince de Talmont [2]..............	II^m l. t.
Prouvence III^m V^e XXV l. Bourgongne II^m IIIIe XXV l.	Au duc de Suffort [3]............................	VI^m l. t.
Languedoil généralité.	A monseigneur du Boucaige [4].....................	V^m l.
Languedoc dommaine.	A monseigneur de Sainct-Vallier..................	VII^m l.
Normandie généralité.	Au grand séneschal de Normandye.................	VI^m l.
Languedoil généralité.	A messire Galéas de Sainct-Séverin................	x^m l. t.
Oultre-Seyne généralité.	A monseigneur de Montmorency....................	III^m l.
Languedoc dommaine V^m l. Languedoc généralité V^m l. t.	A messire Galéas Visconte........................	x^m l. t.

Somme de ce chappitre, troys cens dix sept mil deux cens livres tournois.

Cappytaynes et lieutenans.

Prouvence.	A monseigneur le marquys de Saluces [5]..............	IIII^m l.
Languedoil généralité à Jehan Carré XIIe l. t.	A monseigneur de Brion [6]........................	VI^m l.
Languedoil [7] généralité M l. Bourgongne VII^m l.	A Féderic de Baugé, oultre II^m l. en Bourgongne.......	VIII^m l.
Prouvence.	A messire Barnabo Visconte........................	III^m l. t.

(1) Thomas de Foix, seigneur de Lescun, maréchal de France, lieutenant général à Milan, mort en 1525.

(2) François de La Trémoille, prince de Talmont, lieutenant général en Poitou, petit-fils de Louis II, mort en 1541.

(3) Richard de La Pole, duc de Suffolk, mort en 1525.

(4) Du Bouchage, Ymbert de Batarnay. Voir plus haut, chapitre III des dépenses.

(5) Michel Antoine, amiral de Guyenne, lieutenant général à Paris, Naples, en Dauphiné et Milanais, mort en 1529.

(6) Philippe Chabot, seigneur de Brion, amiral de France, gouverneur de Bourgogne, condammé en 1541, mort en 1543.

(7) Corriger : Languedoc.

Oultre-Seyne généralité	A monseigneur de Sedan [1]...........................	x^{m} l.
Daulphiné ii^{m} ix^{c} l. Languedoc généralité v^{m} c l.	A monseigneur de Bayard [2]........................	viii^{m} l. t.
Languedoil dommaine.	A monseigneur de Tournon..............................	iii^{m} l.
Languedoil généralité Jehan Carré.	A monseigneur le vidame de Chartres [3]..............	xii^{c} l.
Bretaigne.	Au grand m^{e} de Bretaigne........................	iiii^{m} l. t.
Bourgongne.	A messire Emard de Prye...........................	iii^{m} l. t.
	A luy, la grand maistrise des arbalestriers............	xii^{c} l.
Oultre-Seyne xvi^{c} l généralité iii^{m} iiii^{c} l. Languedoil généralité x l.	A monseigneur de Fleuranges [4] vi^{m} l., Chasteau-Tyerry dommaine xvi^{c} l. t., et cy......................	iiii^{m} iiii^{c} l.
Bretaigne à Jehan Carré	A monseigneur de Rieux [5]........................	xii^{c} l.
Languedoil généralité.	Au conte de Brienne [6]..............................	xii^{c} l.
Picardye.	Au conte de Roussy [7]............................	xii^{c} l. t.
Dommaine Oultre-Seyne.	Au conte Dampmartin [8]........................	xii^{c} l. t.
Généralité Guyenne.	A monseigneur de Cars [9]........................	xii^{c} l.
Languedoc généralité	Au vicomte de Lavedan [10]........................	xii^{c} l.
Oultre-Seyne dommaine	A Loys d'Ars [11]................................	iii^{m} l.
Languedoil généralité.	A monseigneur le seneschal d'Armignac [12]............	ii^{m} l. t.
Languedoil généralité. Jehan Carré.	A monseigneur de Mézières.........................	xii^{c} l. t.

(1) Robert II de La Marck, duc de Bouillon, seigneur de Sedan, mort en 1536.

(2) Pierre du Terrail, seigneur de Bayard, lieutenant général en Dauphiné, mort en 1524.

(3) Louis de Vendôme, mort en 1526.

(4) Voir plus haut, chapitre Ier des dépenses.

(5) Claude de Rieux, baron d'Ancenis.

(6) Charles de Luxembourg, comte de Brienne, lieutenant général en Picardie et Ile-de-France, mort en 1530.

(7) Amé II de Sarrebruck, comte de Roussy et de Braine, mort en 1525.

(8) Philippe de Boulainvilliers, comte de Dammartin.

(9) Gabriel de Pérusse, seigneur d'Escars.

(10) Hector de Bourbon, vicomte de Lavedan.

(11) Louis d'Ars, duc de Terme, chambellan du roi.

(12) Jacques Galiot de Genouilhac. Voir plus haut, chapitre V des dépenses.

Bourgongne.	A monseigneur de Jonvelle, creue commandé xiie l., viiie l. de creue qui font	ii^m l. t.
Bourgongne.	Au seigneur Julle de Sainct-Séverin, oultre ii^m l. en Bourgongne	iiii^m l.
Picardye.	A monseigneur du Pont-de-Remy [1]	vi^m l.
Dommaine Oultre-Seyne viiie l. Languedoc généralité iii^m iie l.	A monseigneur de Vandenesse [2]	iiii^m l.
Languedoil généralité Jehan Carré.	A monseigneur de Saincte-Mesme	ii^m l. t.
Languedoil généralité.	A monseigneur du Lude [3]	ii^m l.
Oultre-Seyne généralité.	Au gouverneur d'Orléans [4]	ii^m l. t.
Languedoil généralité iiiie l. et Oultre-Seyne généralité xiie l. t	A monseigneur d'Esguilly [5], oultre iiiie l. en la chambre aux deniers	xvie l.
Normandie généralité vi^e l. Bourgongne xiiiie l.	Au cappytaine La Clayette	ii^m l.
Guyenne généralité.	Au jeune Bonneval [6] cappitaine	xiie l. t.
Languedoil généralité.	A monseigneur de Sainct-André [7]	xii^e
	A monseigneur d'Aubigny	iiii^m l.
Languedoil généralité.	A messire Gabriel de La Chastre	xiie l. t.
	A monseigneur de Chavigny	xiie l. t.
Languedoc généralité.	A monseigneur de Crussol	xiie l.
	A monseigneur de Chevrières	xiie l.
	A monseigneur de Rochebaron [8]	xiie l. t.
Picardye.	Au seigneur de Montmor Genly [9]	xviie l. t.

(1) Antoine de Créquy, seigneur de Pont-Rémy, bailli d'Amiens.

(2) Jean de Chabannes, seigneur de Vandenesse, chambellan ordinaire.

(3) Jacques de Daillon, seigneur du Lude, sénéchal d'Anjou.

(4) Lancelot du Lac, seigneur de Chamerolles, chambellan du roi.

(5) François Le Vavasseur, seigneur d'Esguilly, sénéchal du Rouergue.

(6) Jean de Bonneval.

(7) Jacques d'Albon, seigneur de Saint-André, gouverneur de Beaujolais et de Lyon, sénéchal de Lyon.

(8) Jean de Rochebaron, seigneur de La Tour-Daniel.

(9) Louis de Hangest, seigneur de Montmor et de Genlis.

Languedoc généralité	Au seigneur d'Aigreville[1]	xii^c l. t.
Normandie généralité Jehan Carré xii^c l.	Au bailly de Caen[2]	ii^m l. t.
Picardye.	A monseigneur de Humières Béquincourt[3]	ii^m l. t.
Oultre-Seyne	Au viconte d'Estauges[4]	m ls.
Bourgongne.	A Loges[5]	m l. t.
Guyenne.	A Sainct-Bonnet[6]	m l.
Languedoil dommaine	A monseigneur de Mouy[7]	v^c l. t.
Mort.	A Saincte-Coulombe[8]	v^c l. t.
Languedoil généralité.	A Maugiron, dit le légat[9]	v^c l. t.
Guyenne Languedoil généralité.	A monseigneur de Neigre Pelysse[10]	m ls.
Guyenne généralité	A monseigneur le viconte de Turayne[11]	xii^c l. t.
Languedoil généralité.	Au jeune Bussy[12]	v^c l. t.
	A Lorges de Montgommery[13]	m l.
Languedoc dommaine	A Pierrepont[14], le roy a ordonné v^c l. de creue	v^c l. t.
Languedoc généralité.	A Brézolles ou lieu de feu Villeblanche[15]	v^c l. t.
Languedoc dommaine.	A Florac	v^c l.
Languedoil généralité.	A Monge Stuart[16], escossoys	iii^c l. t.
	A Guillaume Lan, escossoys	vi^c l. t.

(1) Aymond d'Aigreville.

(2) François de Silly, bailli de Caen.

(3) Jean, seigneur d'Humières et de Béquincourt, lieutenant général en Dauphiné, Piémont et Savoie, mort en 1550.

(4) René d'Anglure, vicomte d'Etoges.

(5) Hugues de Loges, seigneur de La Boulaye, bailli d'Autun.

(6) Hector d'Angeray, seigneur de Brizon, dit de Saint-Bonnet.

(7) Nicolas de Mouy, lieutenant de la compagnie du duc de Vendôme.

(8) Jacques de Sainte-Colombe, lieutenant de la compagnie de Lautrec, gouverneur de Bayonne, mort en 1523.

(9) Guy, seigneur de Maugiron, bailli de Gévaudan.

(10) Antoine de Caraman, seigneur de Nègrepelisse.

(11) François de La Tour, vicomte de Turenne, gouverneur de Gênes et de l'Ile-de-France.

(12) Antoine de Bussy, un des cent gentilshommes.

(13) Jacques de Montgommery, seigneur de Lorges.

(14) Gilles de Pierrepont.

(15) Pierre de Villeblanche, seigneur du Plessis-Barbe.

(16) Mongon Stuart et Guillaume Lang, hommes d'armes de la bande de Robert Stuart.

	A Abourdich (1), escossoys	II^cXX l. t.
Languedoil généralité.	A Peyrault (2) qui est à monseigneur l'admiral	III^c l. t.
Languedoc généralité.	A monseigneur d'Orsay qui fut à Loys d'Ars	IIII^c l. t.
Languedoil généralité.	A Vaulx de Bacle	III^c l.
Oultre-Seyne dommaine.	A Raymond de L'Isle (3) des bendes	II^c l. t.
Languedoil généralité.	A La Rochevert (4) des bendes	II^c l. t,
	Au jeune Budé	IIII^c l. t.
Languedoc dommaine.	A Beaumont (5) qui fut lieutenant de monseigneur de Prye.	IIII^c l.
Oultre-Seyne dommaine.	A Loys d'Aigreville (6)	IIII^c l. t.
Languedoil généralité.	A l'escuyer Merveilles (7)	IIII^c l. t.
Bretaigne.	A monseigneur de Sarpentilz (8) lieutenant au chasteau de Nantes	V^c l. t.
Languedoil généralité.	A Anthoyne Lombes (9) cappitaine de Grandville	IIII^c l.
Bretaigne.	Au lieutenant qui est à Sainct-Malo (10) pour monseigneur le mareschal	IIII^c l. t.
Normandye généralité.	A Robert de Brueil, dict de Beauvoir (11)	IIII^c l. t.
Languedoc dommaine.	A Guillaume de Humières Lassigne seigneur de Rubancourt (12)	IIII^c l. t.
Normandye généralité.	A Beauvais de Normandye	IIII^c l. t.
Languedoil généralité.	A Fédéric Cathaigne (13) des bendes	IIII^c l.
Languedoil généralité.	A Latouche qui est à monseigneur de Nançay	II^c l.

(1) David Bourdich, porte-enseigne de la garde écossaisse

(2) Noël du Fay, seigneur de Perrault, lieutenant de la compagnie de Bonnivet.

(3) Porte-enseigne de la compagnie d'Antoine Raffin.

(4) Louis de Thiville, seigneur de La Rocheverte, lieutenant de la compagnie du seigneur de Chavigny.

(5) Peut-être Jacques de Brizay, seigneur de Beaumont, sénéchal de la Marche.

(6) Seigneur des Barres.

(7) Jean Albert Maraviglia, écuyer d'écurie du roi.

(8) Louis Dubois, seigneur des Arpentis.

(9) Antoine de Loubbes, cité plus haut.

(10) Probablement François de Longecombe, seigneur de Poisieu.

(11) Robert du Breuil, seigneur de Beauvoir.

(12) Guillaume d'Humières, seigneur de Lassigny et de Ribécourt, oncle de Jean d'Humières, cité plus haut.

(13) Archer de la Garde.

Languedoc généralité.	A Jaques de Cran[1] de bendes........................	II^{c} l. t.
Languedoil généralité.	A Maulevrier de Ballan[2].........................	III^{c} l. t.
	Somme de ce chappitre......................	VI^{xx} X^{m} VIII^{c} XX l. t.

Gentilzhommes de la Chambre.

Languedoil généralité. à Jehan Carré	A monseigneur de Villars.........................	XII^{c} l.
Languedoc dommaine. Jehan Carré.	A monseigneur de Boisy.........................	XII^{c} l.
Généralité Languedoil Jehan Carré.	A monseigneur de Sainct-Marsault[3]................	XII^{c} l.
Languedoil généralité VIII^{c}. Languedoc généralité IIII^{c} l. Jehan Carré.	A monseigneur de Brosse[4]......................	XII^{c} l.
Languedoc généralité. Jehan Carré.	A Montpesat................................	XII^{c} l.
Languedoil généralité Jehan Carré	Au seigneur de Thoré Montmorancy[5]...............	XII^{c} l.
Languedoil généralité. Jehan Carré.	Au seigneur de Chasteaumorant[6]..................	XII^{c} l.
Languedoc généralité IIII^{c} l. Languedoil généralité VIII^{c} l. Jehan Carré.	Au Perot d'Auerty[7]...........................	XII^{c} l. t.
Languedoil généralité Jehan Carré.	A l'escuyer Poton[8]............................	XII^{c} l.
	A monseigneur de Laloue[9].......................	XII^{c} l.
Languedoil generalité Jehan Carré.	Au bailli de Paris[10]...........................	XII^{c} l. t.

(1) Jacques de Craon, lieutenant de monseigneur de Nançay.

(2) Michel de Ballan, seigneur de Maulevrier.

(3) François Green, seigneur de Saint-Marsault, Millançay, etc., chambellan du roi.

(4) Adrien Tiercelin, seigneur de Brosses, sénéchal de Ponthieu.

(5) Anne de Montmorency, seigneur de Thoré par sa mère, Anne Pot, fille du seigneur de Thoré.

(6) Jean de Lévis, sénéchal d'Auvergne.

(7) Pierre de La Bretonnière, seigneur de Warty, grand maître des Eaux et forêts.

(8) Jean Raffin, écuyer d'écurie.

(9) Jean de Laloue, seigneur de Foecy.

(10) Jean de La Barre, seigneur de Véretz, premier gentilhomme de la Chambre, gouverneur de Paris.

Languedoc généralité vi^{e} l. Languedoil généralité vi^{e} l. Jehan Carré	A monseigneur de Morette........	xii^{c} l.
Normandye généralité. Jehan Carré.	Au jeune Mouy [1]...................	xii^{c} l. t.
Languedoil généralité Jehan Carré.	Au filz de monseigneur de Laloue [2]................	vi^{c} l. t.
	Somme de ce présent chappitre.	xvi^{m} ii^{c} l. t.
	A madame la mareschalle de Chastillon en don la somme de vi^{m} l. pour et ou lieu du grenier de Sens que le roy luy a donné [3] si tant se peult monter pour ce........	vi^{m} l. t.
	Somme par soy	

Cappytaines almans.

Bretaigne par le receveur général Sapin.	A monseigneur le duc de Hostan [4]..................	iii^{m} l.
Languedoil généralité.	Au cont Volf [5] oultre la terre de Tremblevy.........	xii^{c} l. t.
Bretaigne par le receveur général Sapin.	A monseigneur l'arcevesque de Trèves...............	vi^{m} l. t.
Languedoc généralité	A monseigneur de Lozanne [6]......	M l.
Normandie généralité	Au cappitaine Brandech [7]........................	M l. t.
Mort.	Au cappitaine Travannes........................	M l. t.
Languedoc généralité.	Au comte de Gruère	M
Normandie généralité.	Au Bastard de Gueldres [8]	v^{c} l. t.
Languedoc généralité.	A Baltazar d'Aubembourg.......................	iii^{c} l.
Normandie généralité.	A Claude Dymousse.	ix^{xx} l.

(1) Charles de Mouy, seigneur de La Mailleraye, vice-amiral de France.

(2) Regnaut de Laloue

(3) Voir plus haut, chapitre V des dépenses.

(4) Frédéric, duc de Holstein, roi de Danemark depuis 1523, mort en 1533. François Ier avait conclu avec lui un traité pour recevoir des troupes en cas de guerre contre l'Angleterre.

(5) Eberhard de Lupfen, dit le comte Wolf ou Wolfgang, capitaine de lansquenets. — Tremblevif, aujourd'hui Saint-Viâtre, arr. de Romorantin (Loir-et-Cher).

(6) Sébastien de Montfaucon, évêque de Lausanne.

(7) Jean de Brandes ou Brandech, capitaine de lansquenets.

(8) Probablement un bâtard de Charles d'Egmont, duc de Gueldres.

Normandie généralité.	Au cappitaine Ligneville[1]	IIII^c l. t.
Oultre-Seyne généralité.	A Gaspard Suetz	V^c l. t.
	A Tybault Steur	II^c l. t.
Languedoil généralité.	A Volf Thyederich fons Ryerguygen	V^c l. t.
Oultre-Seyne généralité.	Au prévost des lansquenetz, Fer.	V^c l. t.
Languedoil généralité.	Au Volf Dyerny Ruerguigen	V^c l. t.
Languedoc généralité.	A Jonas faiseur d'engins	III^c l. t.
	Au seigneur de Chastellart	VI^c l. t.
Bretaigne le receveur général Sapin.	A Fédéric de Respech	II^c l. t.
	A Hans von Muramberg[2]	II^c l. t.
	A monseigneur de Maizières parent de monseigneur de Gruyère	II^c l. t.
Normandie généralité.	A Pètre Grob[3]	IX^xx l. t.
	A Werly Cremer	IX^xx l. t.
Bretaigne par le receveur général Sapin.	Au mareschal du duc de Hostan.	V^c l. t.
	A monseigneur de Chasteaubrun	VIII^c l. t.
	A Jacob Germigny	IIII^c l.
Languedoil généralité.	Aux deux secrétaires de monseigneur de Lorraine, Nicolas Mangyn[4] et Alexandre, à chacun II^c l., cy	IIII^c l. t.
Languedoc généralité.	Au filz de monseigneur de Chastellard	II^c l. t.
Bretaigne par le receveur général Sapin.	Au conte d'Auberstan	VI^c l. t.
	Au chancellier de Trèves	IIII^c l. t.
Oultre-Seyne généralité.	A Pierre Buysson	III^c l. t.
Bretaigne par le receveur général Sapin.	Au secrétaire de monseigneur de Treuves[5]	II^c l. t.

[1] Jean de Laigniville. — La plupart des noms suivants sont défigurés au point de rendre toute identification impossible.

[2] Peut-être Hans de Pontgrah, originaire de Nuremberg, sommelier d'armes.

[3] Petter Grob et Wernly Kromer faisaient partie de la bande des Cent Suisses commandée par Robert de Florange.

[4] Nicolas Mangin, secrétaire du duc Antoine.

[5] Trèves.

A George de Ladessoubz.......................... v^e l. t.
A Frédéric de Lucebourg.......................... IIIIe l.
A Henry de Buno.......................... IIIIe l. t.
A Georges de Languement.......................... IIIIe l. t.
A Bastian Fouler.......................... IIIIe l. t.
A Hans Vec.......................... IIIe l.
A Cosse de Rudebourg.......................... IIIe l. t.
A Hestan de Brandestec.......................... IIIe l. t.
A Georges Perdonille.......................... IIIIe l. t.
A Valles.......................... IIIe l. t.
A Mutelle.......................... IIIe l. t.

Oultre-Seyne généralité. A Damyen Guerrigues Sedan[1].......................... IIIIe l. t.
A Jehan Mondonchart Sedan.......................... IIIe l. t.
A Guillaume Mandunpel Sedan.......................... IIIe l.
A Gabriel de Latour Sedan.......................... c l. t.
A Tasquin Viron Sedan.......................... c l.
A Montferrant Sedan.......................... c l. t.

Somme des pensions d'Alemaigne et Suysse, trente mil deux cens quarante livres tournois.

Autres personnes.

Languedoil généralité. Aux quatre dames de Navarre, à chacune XII^c l. t., cy... IIII^m VIII^c l.
Languedoc généralité. A Loys monseigneur de Nevers[2].......................... XII^c l. t.
Bourgongne. A messire Pierre de Laguische[3].......................... II^m l. t.
Languedoil généralité. A Françoys monseigneur de Saluces[4].......................... XII^c l. t.
Bretaigne. A monseigneur d'Avaugourt[5].......................... v^c l. t.

[1] Nous trouvons ici six hommes d'armes de la compagnie de Robert de La Marck, seigneur de Sedan. Les noms des cinq premiers semblent devoir être rétablis de la façon suivante, d'après la montre de la compagnie faite le 30 juillet 1526 : Damyen de Guaringues, Jehan Vandrebac, Guillaume Vandrinpel, Gabriel de La Tour, Tasquyn Vyron. — Bibl. nat., ms. fr. 25788.

[2] Louis de Nevers, comte d'Auxerre, fils d'Engilbert, duc de Clèves, comte de Nevers, mort en 1545.

[3] Pierre de La Guiche, sénéchal de Lyon.

[4] François, marquis de Saluces, mort en 1537.

[5] François II de Bretagne, baron d'Avaugour.

Guyenne généralité.	A monseigneur de Barbesyeulx,(1), comprins son grenier.	II^m l. t.
Mort.	A monseigneur d'Estinville (2)......................	II^m l.
Languedoil généralité.	A Lartigue	VI^c l. t.
Bretaigne.	A monseigneur d'Assigny (3)......................	XII^c l. t.
Oultre-Seyne dommaine.	A cinq escossoys qui sont en Escosse, baillé par monseigneur le duc d'Albanye......................	II^m II^c l. t.
Languedoil généralité.	A monseigneur de Chaulmont (4)	IIII^c l. t.
Languedoc dommaine.	A monseigneur d'Aubin.........................	IIII^c l.
Bretaigne.	Au conte de Tonnerre (5)	IIII^c l. t.
Languedoil généralité.	A Tournon l'aisné (6)	IIII^c l. t.
Bourgongne.	A monseigneur de Ruffet (7) de Bourgongne...........	III^m l. t.
	A monseigneur de Bussy de Savoye.................	II^m l. t.
Guyenne généralité.	Au filz du duc de Nagere........................	XII^c l.
Bretaigne.	Au filz de Guinegast de Bretaigne..................	XII^c l. t.
Oultre-Seyne généralité.	A madame de Sedan (8)...........................	III^m l. t.
	A monseigneur de Beaulieu (9)......................	II^m l.
Languedoc généralité.	A monseigneur de Jamais (10)......................	II^m l. t.
Oultre-Seyne généralité.	A monseigneur de Sossy (11)........................	II^m l. t.
Languedoil généralité.	A madame de Givry...............................	II^m l.
Oultre-Seyne généralité.	A monseigneur de Lachambre (12)...................	IIII^m l.
	Au séneschal de Carcassonne (13)....................	II^m l. t.
Guyenne généralité.	Au gouverneur de Lymosin.........................	II^m l. t.

(1) Antoine de La Rochefoucauld, seigneur de Barbezieux, lieutenant général à Paris, sénéchal de Guyenne, mort en 1537.

(2) Antoine de Stainville, seigneur de Couvonges.

(3) Jean d'Acigné, baron de Coëtmen.

(4) Georges d'Amboise, seigneur de Chaumont, mort en 1525.

(5) Claude de Husson, comte de Tonnerre, mort en 1525.

(6) Antoine de Tournon.

(7) Ruffey. Voir plus haut, chapitre Ier des recettes. Cette pension ne fut payée ni en 1523, ni l'année suivante. Le titulaire reçut seulement 4,000 livres en 1525.

(8) Catherine de Croy, femme de Robert II de La Marck.

(9) Antoine de La Marck, abbé de Beaulieu-en-Argonne, mort en 1528.

(10) Guillaume de La Marck, seigneur de Jametz, mort en 1529.

(11) Jean de La Marck, seigneur de Saulcy. — Antoine, Guillaume, Jean et Robert, seigneur de Florange, sont les quatre fils de Catherine de Croy.

(12) Jean, comte de La Chambre.

(13) Jean de Lévis, seigneur de Mirepoix, lieutenant général en Languedoc.

Languedoil généralité	A monseigneur de Samblançay [1] gouverneur de Touraine.	II^m l. t.
	A monseigneur de La Roche-Beaucourt [2]...............	M l.
Normandye généralité.	A Guyon Le Roy [3].............................	M l. t.
Languedoil généralité.	A monseigneur de Brissac [4]......................	XII^c l. t.
	A mᵉ André Briau................................	XII^c l. t.
Languedoc généralité.	A mᵉ Albert Dupuy.............................	VIII^c l. t.
Guyenne généralité.	A Montleron d'Archiac [5].........................	XII^c l.
Picardye.	A monseigneur Dolhan de Picardye..................	M l. t.
Prouvence.	A Lascary [6] grec................................	VI^c l.
Bretaigne.	A monseigneur du Chastel [7] de Bretaigne.............	VI^c l. t.
Guyenne.	A monseigneur d'Allesate [8], par traicté..............	VIII^c l. t.
	Au trésorier de Navarre [9], par traicté................	VIII^c l. t.
Languedoil généralité.	A Stuart, escossoys, qui fut à la Roquette de Milan.......	VI^c l.
Languedoc généralité.	A Jehan de Lasalle, à prandre sur le grenier de Narbonne.	VI^c l. t.
Normandye généralité.	A Longueval [10] de la Chambre....................	VI^c l. t.
Languedoil généralité.	A Tavart roy d'armes............................	VI^c l. t.
Picardye.	Au seigneur d'Espoy [11] de Pycardye..................	VIII^c l. t.
Languedoil généralité.	A messire Renaldo.............................	III^c l. t.
Bretaigne.	A Cossé [12], qui fut cappytayne des arbalestriers.........	IIII^c l. t.
Bretaigne.	A Françoys de Rieulx...........................	IIII^c l. t.
Picardye.	A monseigneur de Hubecy.......................	IIII^c l. t.
Languedoil généralité.	A monseigneur de Tygnonville [13]..................	IIII^c l.

(1) Semblançay était gouverneur et bailli de Touraine depuis 1516.

(2) Jean de La Roche, seigneur de La Rochebeaucourt, sénéchal de Saintonge, gouverneur d'Angoumois.

(3) Seigneur du Chillon, vice-amiral de France, gouverneur du Havre.

(4) René de Cossé, seigneur de Brissac, grand panetier de France.

(5) Adrien de Montberon, seigneur d'Archiac.

(6) André Jean Lascaris, mort en 1535.

(7) François du Chastel, baron de Marcé.

(8) Jean de Gamboa d'Alzatte, seigneur d'Alzatte et d'Urtubie, échanson du roi.

(9) Sancho de Yessa.

(10) Philippe de Longueval, seigneur d'Haraucourt, gentilhomme de la Chambre.

(11) Merry d'Espoy.

(12) Hardouin de Cossé, capitaine de 100 arbalétriers.

(13) Jean du Monceau, seigneur de Tignonville, prévôt des maréchaux.

A monseigneur le m[e] de Sainct-Séverin................ IIII[c] l.

Languedoc généralité. Au m[e] d'hostel de Balanzac [(1)]....................... IIII[c] l. t.

A monseigneur des Roches d'Estampes [(2)]............. IIII[c] l.

Prouvence. A frère Bernardin des Vaulx...................... IIII[c] l.

Guyenne généralité. A l'escuyer Marrasin............................ IIII[c] l. t.

Bretaigne. A Briscion, qui fut cappitaine de Sainct-Malo........... IIII[c] l.

Guyenne généralité. Au capitaine Plecot............................ IIII[c] l.

Languedoil généralité. A monseigneur des Forges [(3)], qui fut cappitaine du chastel de Gennes................................. IIII[c] l. t.

Guyenne généralité. Au Bastard de Ravastin.......................... IIII[c] l. t.

Languedoil généralité. Au petit Perot [(4)] de la vennerye.................. IIII[c] l. t.

Picardye. A monseigneur de Huppuy........................ IIII[c] l. t.

A monseigneur de Hély.......................... IIII[c] l. t.

A monseigneur de Nyelle......................... III[c] l. t.

Guyenne généralité. A Regnault de La Lende......................... IIII[c] l. t.

Prouvence A Boysrigault [(5)]................................. IIII[c] ls.

Oultre-Seyne généralité. A Hubecy de Haraucourt........................ VI[c] l. t.

Somme de ce chappitre, soixante deux mil sept cens livres tournois.

Somme totalle desd. pensions, cinq cens soixante unze mil cent soixante livres tournois. Il y a trop charge de IIII[xx] V[m] VIII[c] X l[t]., oultre le trop charge du présent estat cy-devant.

Au frère de monseigneur de Sercyez nommé Hutin...... IIII[c] l. t.

Le recullement de la pension du gouvernement et admiraulté de monseigneur de La Trimoille [(6)] montant.....

Le recullement de monseigneur de Lautrec, tant sa pension que recullement,........................

Le recullement de monseigneur le mareschal de Lescun, qui monte.................................. IIII[m] VII[c] L l. t.

(1) Jean Brémont, seigneur de Balanzac.

(2) Claude d'Étampes, seigneur des Roches.

(3) Eustache de Monestay, seigneur de Forges.

(4) Guillaume du Perrot, gentilhomme de la vénerie.

(5) Louis d'Angerant, seigneur de Boisrigault, chargé de plusieurs ambassades en Suisse.

(6) Louis II de La Trémoille, amiral de Bretagne et de Guyenne.

Le recullement de monseigneur le m^{e} de l'artillerye[1]... v^{c} l. t.

Les Ytaliens qui sont en ceste court, qui demandent pension..................................

Normandye généralité mil livres. Languedoil généralité II^{m} l.

Aux troys secrétaires des finances, Robertet, Dorne et Lebreton[2], à chacun mil livres pour leurs pensions.... III^{m} ls.

L'estat de l'année finye le derrenier jour de décembre mil cinq cens vingt deux est demouré trop chargé de la somme de II^{mons} III^{c} LVIII^{m} VIII^{c} IIII^{xx} I l. XI s. VI d. t., lequel trop charge se devoit porter sur les finances de l'année v^{c} XXIII qui est l'année du présent estat, ce qui ne s'est peu faire au moyen des grosses charges de despenses que le roy a euez à supporter en lad. année et qu'il ne s'est trouvé fons pour appointer led. trop charge, et par ce reviendra cy à charge de lad. somme de. II^{mons} III^{c} LVIII^{m} VIII^{c} IIII^{xx} I l. XI s. VI d. t.

Plus, le trop charge du présent estat monte par le premier arrest.............................. II^{c} XXVI^{m} LXIX l.

Plus, trop charge à cause de l'estat des pensions signé du roy, qui se monte plus que le fons qui en avoict esté faict aux partyes de l'estat la somme de........ IIII^{xx} V^{m} VIII^{c} X l. t.

Somme toute desd. trop chargez...... II^{mons} VII^{c} LXX^{m} VII^{c} LX l. XI s. VI d. t.

[État G[3]].

Autres pensions.

Le roy de Navarre[4]...........................	X^{m} l.
Monseigneur de Chasteaubriant[5].................	X^{m} l.
Monseigneur d'Esparrotz[6].......................	IIII^{m} l.
Le gouverneur de Gennes[7].......................	XII^{m} l. t.
Le conte Pètre de Navarre[8].....................	VI^{m} l.
A monseigneur de Bressac[9] de Languedoc...........	M l. t.

(1) Galiot de Genouilhac.

(2) Voir plus haut, chapitre III des recettes.

(3) Les mentions indiquant la recette sur laquelle chaque dépense est assignée disparaissent dans l'état G, aucune des sommes inscrites ici n'ayant reçu d'assignation, faute de fonds pour les appointer.

(4) Henri II d'Albret, 1503-1555.

(5) Jean de Laval, seigneur de Châteaubriant, gouverneur et amiral de Bretagne, 1486-1542.

(6) André de Foix, seigneur d'Esparros.

(7) Octavien Fregoso, déjà cité, chapitre XVI des dépenses.

(8) Pedro Navarro, capitaine espagnol au service de la France, mort en 1528.

(9) Jean de La Palu, seigneur de Brassac.

A Alain de Foix Candalle [1]	m l. t.
A Dyège de Ramyres, espagnoc	vi^{c} l. t.
A Adrian monseigneur de Saluces	xii^{c} l. t.
Au bailly de Senlis [2]	xii^{c} l. t.
A Preisy [3], comprins sa creue qui est de vi^{c} l. t.	ii^{m} l. t.
A La Roche-Jagu	m l. t.
A Jehan de Sainct-Amadous [4], tant pour sa pension que pour la vennerye et garde des forestz de Bretaigne	ii^{m} ii^{c} ls.
A maistre d'hostel Jehan Françoys	ii^{m} l. t.
A monseigneur de Fléac [5]	m l. t.
A Bernard de Villeneufve	vi^{c} l. t.
Au seigneur de Lucé [6] du Mayne	vi^{c} l. t.
Au seigneur de Surgères [7]	vi^{c} l. t.
A Olivier de Silly	vi^{c} l. t.
Somme	xi^{m} viii^{c} l. t.
Au second Morette	vi^{c} l. t.
A Siboys de Savoye	vi^{c} l.
A Claude Bessay	vi^{c} l.
A monseigneur de Breszé	v^{c} l.
A monseigneur de Frimans	xii^{c}
A monseigneur de Loué [8]	m l. t.
A monseigneur de Champdenier [9]	xii^{c} l.
A monseigneur de Vatan [10]	m l. t.
A Malbert [11]	v^{c} l. t.
A l'escuyer Francisque [12]	vi^{c} l. t.
A monseigneur de Clermont de Lodesve [13]	m l.
Somme	viii^{m} viii^{c} l. t.

(1) Alain, fils de Gaston II de Foix-Candale, vicomte de Castillon.

(2) Jean de Sains, seigneur de Marigny.

(3) Sans doute François d'Allègre, seigneur de Précy.

(4) Jean de Saint-Amadour, vicomte de Guignen, maître des Eaux et Forêts et grand veneur de Bretagne.

(5) Elie de Polignac, seigneur de Fléac, bailli de Vitry.

(6) Charles de Couesmes, seigneur de Lucé.

(7) Emond de Soucques, seigneur de Surgères.

(8) Pierre de Laval, seigneur de Loué, mort en 1528.

(9) François de Rochechouart, seigneur de Champdeniers, gouverneur de La Rochelle, sénéchal de Toulouse, mort en 1530.

(10) Pierre Du Puy, seigneur de Vatan, gouverneur et bailli de Berry.

(11) Robert, seigneur de Malberg, chambellan.

(12) Jean Francisque, écuyer d'écurie.

(13) Pierre de Clermont-Lodève ou de Castelnau, qui sera plus tard sénéchal de Carcassonne et lieutenant du gouverneur de Languedoc.

A monseigneur de Ruffect de Poictou[1]. . . . . M l.
A monseigneur de Jarnac[2]. . . . . M l.
A monseigneur de Gamaches. . . . . M l.
A monseigneur de Maillé en Touraine. . . . . M l.
A monseigneur de Bueil en Prouvence. . . . . XII^{c} l.
A Talbert[3]. . . . . M l.
A monseigneur Desbreulles[4]. . . . . XII^{c} l. t.
A monseigneur d'Entraigues de Balsac[5]. . . . . M l.
A monseigneur de Bazolles d'Anjou. . . . . M l. t.
Au chevalier de Louan. . . . . M l.
A monseigneur Delaz. . . . . M l. t.
Somme. . . . . XI^{m} IIII^{c} l. t.

A monseigneur de Chitain. . . . . M l.
A monseigneur de Genly[6]. . . . . M l.
Au Bastard de Vandosme[7]. . . . . M l.
A monseigneur de Vignon . . . . XII^{c} l. t.
Au filz de messire Gracien de Guerre[8]. . . . . IIII^{c} l.
A Restin de Bordeaulx. . . . . V^{c} l. t.
A Bonnaut de Savoye. . . . . V^{c} l. t.
Au filz de monseigneur de Champdenier[9]. . . . . VI^{c} l. t.
A monseigneur de Lameth[10]. . . . . VI^{c} l. t.
A monseigneur de Lezay[11] filz de monseigneur de Loué en Tourayne. . . . . VI^{c} l.
A Oradet. . . . . VI^{c} l.
A Claude Ferier. . . . . VI^{c} l.
Somme. . . . . VIII^{m} VI^{c} l.

(1) François de Volvire, baron de Ruffec.

(2) Charles Chabot, baron de Jarnac, gouverneur de La Rochelle, vice-amiral de Guyenne, frère de Philippe Chabot.

(3) Tallebart. Voir plus haut, chapitre III des dépenses.

(4) Jean d'Esbreulhe, bailli de Saint-Pierre-le-Moûtier.

(5) Pierre de Balzac, seigneur d'Entraigues.

(6) Adrien de Hangest, seigneur de Genlis, bailli d'Evreux, capitaine du Louvre, frère de Louis nommé plus haut.

(7) Jacques, bâtard de Vendôme, seigneur de Bonneval, bailli de Valois et Vermandois, fils de Jean II.

(8) Gratien Daguerre, déjà cité.

(9) Christophe de Rochechouart, seigneur de La Motte, mort en 1549.

(10) Antoine de Lameth, général des finances, chargé de plusieurs missions en Suisse.

(11) Gui de Laval, seigneur de Lezay, fils de Pierre, cité plus haut, et de Philippe de Beaumont, dame de Lezay.

Les prélatz et gens de conseil.

Monseigneur l'archevesque de Salerne [1].............	VIII^m l. t.
Monseigneur de Sens [2]........................	IIII^m l.
Monseigneur de Lysieulx [3].....................	M l.
L'arcevesque Ursin [4]........................	M l.
Monseigneur de Troyes [5]........................	IIII^c l. t.
Monseigneur le premier président de Paris [6]..........	V^c l. t.
Monseigneur le président Baillet [7]................	V^c l. t.
Monseigneur le président Guillart [8]................	V^c l. t.
Monseigneur le président Barme [9]................	V^c l. t.
Somme..................................	XVI^m IIII^c l. t.
A monseigneur l'advocat Lizet [10]..................	V^c l. t.
A monseigneur l'advocat Ruzé [11]..................	V^c l. t.
A monseigneur le premier président de Normandie [12]...	V^c l. t.
A monseigneur le président de Daulphiné [13]..........	V^c l. t.
A monseigneur le président de Prouvence [14]..........	III^c l.
A monseigneur le président de Bourgongne [15].........	CL l.
Ceste partye est comprinse en l'acquit de la creue que luy fut faicte..................................	
A monseigneur le président des requestes Latingy [16]....	III^c l.
A m^e Jehan Goyon procureur.....................	C l. t.
A maistre Nicolle Bérault, qui fut en Angleterre, docteur lisant à Paris..............................	III^c ls.
Somme..................................	IIII^m CL ls.

(1) Frédéric Frégoso, déjà nommé au chapitre XVI des dépenses.

(2) Étienne de Poncher, abbé de Saint-Benoît-sur-Loire, mort en 1525.

(3) Jean Le Veneur, cardinal, grand aumônier, mort en 1543.

(4) Aldobrandin Orsini, archevêque de Nicosie.

(5) Guillaume Petit, transféré à Senlis, mort en 1536.

(6) Jean de Selve, déjà cité au chapitre XVI des dépenses.

(7) Thibaud Baillet, deuxième président.

(8) Charles Guillart, quatrième président.

(9) Roger Barme, avocat du roi, puis troisième président.

(10) Pierre Lizet, avocat du roi, puis premier président, de 1529 à 1550, mort en 1554.

(11) Jean Ruzé, avocat du roi, puis conseiller au Parlement.

(12) Jean Brinon, chancelier d'Alençon, chargé de nombreuses commissions judiciaires et missions diplomatiques, mort en 1528.

(13) Falco d'Aurillac, conseiller au parlement de Paris, puis président à Grenoble.

(14) Gervais de Beaumont, mort en 1530.

(15) Hugues Fournier, mort en 1525.

(16) Louis Anjorrand, seigneur de Latingy et de Cloye, président des Requêtes du Palais, mort en 1530.

Autres gens de justice et du Conseil de Bretaigne.

A monseigneur le chancellier[1] pour la chancelleryc de Bretaigne. Il est avec le parlement de Bretaigne...... IIII^m l. t.
A monseigneur le vischancellier[2] pour luy parfaire III^m l. II^m II^c IIII^xx l. t.
A messire Gilles Le Rouge[3]...................... IIII^c l. t.
Au séneschal de Rennes[4]...................... III^c LX ls.
Au séneschal de Nantes[5]...................... II^c XL l.
Au procureur général de Bretaigne pour ses gaiges...... III^c LX l.
A luy oultre ses gaiges pour la conduicte des procès..... II^c l. t.
Au lieutenant de Nantes...................... IIII^xx l. t.
Nota : crue de VIII^xx l.

Somme.............................. VII^m IX^c XX l. t.

A la garde des chartres du pays pour ses gaiges......... VI^xx l. t.
A messire Philippes Bressel pour assister au grand conseil dud. pays.............................. III^c LX l.
A m^e Hervé de Quenelle[6] docteur ès droictz pour assister au conseil, aussi pour lyre en l'université.......... III^c LX l. t.
A m^e Léonard Guy pour assister au conseil quand il sera appellé et pour lyre en l'université de Nantes[7] comme font les autres ès autres universitez.............. VIII^xx l. t.
A messire Françoys de Bourret pour lyre en l'université. C l. t.
A messire Olivier de Lescouet[8] pour semblable........ C l. t.
A maistre Jehan de Bragouet, lieutenant de Morlaiz..... VII^xx X l. t.

Somme.............................. XIII^c L l. t.

A m^e Pierre Brizon pour lyre en l'université de Nantes ou lieu de m^e Christofle Bressel.................. C l. t.
A m^e Loys des Desers[9]...................... IIII^c XL l. t.
A m^e Christofle Gourrion.................... LX l. t.

(1) Antoine Duprat, chancelier de France et de Bretagne, mort en 1535.
(2) Jean Briçonnet, mort en 1538.
(3) Conseiller au Grand Conseil et président au parlement de Bretagne.
(4) Probablement Pierre d'Argentré.
(5) Probablement Christophe Bresset.
(6) Hervé de Quellenec, conseiller au parlement de Bretagne.
(7) L'Université de Nantes avait été fondée par une bulle du pape de 1460 suivie de lettres du duc François II de 1461. Elle comprenait cinq facultés : théologie, droit canon, droit civil, médecine et arts.
(8) Olivier de Lescoet, prévôt de Nantes, procureur général au Sénat de Milan.
(9) Président de Bretagne.

A m^e^ Yves Le Flon séneschal de Henneton[1] .... III^c^ l. t.
A m^e^ Robert Leureux médecin.................... VI^xx^ l.
A m^e^ Anthoine Juret du conseil.................. III^c^ l.
A m^e^ Yves Bruslon procureur de Rennes.............. VI^xx^ l. t.
A m^e^ Henry Derien controlleur de l'artillerye, qui a tousjours servy.......................... VI^xx^ l. t.
Au trésorier de l'espargne et chartres de Bretaigne, gaiges.................................. //

Somme.................................. XV^c^ LX l. t.

A messire Philippes Dandosse..................... III^c^ l. t.
A Corcon[2] .... IIII^c^ l.
A Arthus Serlin ou lieu de feu Herpin............... IIII^c^ l.
A St-Amand[3] filz de monseigneur de Champdenier..... IIII^c^ l.
A Quinquet................................ //
A Loys d'Assigny[4] .... IIII^c^ l.
A monseigneur de La Tour des mynymes d'Anjou...... IIII^c^ l. t.
Au Bastard de la Marche[5] .... IIII^c^ l. t.
a de parler Madame. A Regnault de Montboursier[6] .... IIII^c^ l.
A son frère Anthoine......................... IIII^c^ l.

Somme.................................. IIII^m^ IX^c^ l.

A Ballezergues[7] .... IIII^c^ l. t.
A St-Aulbin lieutenant à Boulongne............ .... II^c^ l. t.
A monseigneur de Colambert de Pycardye............ III^c^ l. t.
A monseigneur du Mas de Prouvence............... III^c^ l.
A monseigneur de Capannes de Picardye............. III^c^ l.
A monseigneur de Ventadour[8] .... V^c^ l.
A monseigneur de Seigay...................... V^c^ l. t.
A monseigneur de Longjumeau.................. VI^c^ l.

(1) Hennebont, arr. de Lorient (Morbihan).

(2) Peut-être s'agit-il de Jean du Plessis, déjà cité au chapitre III des dépenses.

(3) Antoine de Rochechouart, seigneur de Saint-Amand, sénéchal de Toulouse, lieutenant du gouverneur de Languedoc, mort en 1544.

(4) Archer de la compagnie du seigneur de Nançay.

(5) Guillaume, bâtard de La Marck, gentilhomme de l'Hôtel.

(6) Regnault de Montbourcher. — Antoine, seigneur de l'Argenterie et du Plessis-Bordage, échanson.

(7) Louis de Balzergues, page de l'écurie.

(8) Gilbert Ier de Lévis, comte de Ventadour, panetier sous Charles VIII, mort en 1529.

Au jeune de La Guyerche .... v^c l.
A Pierre de Pontbriant [1] .... iii^c l.

Somme .... iii^m l.

A monseigneur du Fou [2] m^e d'hostel .... iii^c l. t.
A Bernard d'Arzac .... iii^c l. t.
A monseigneur de Champs [3] du Daulphiné .... iii^c l. t.
A monseigneur de Belleville .... iii^c l. t.
A monseigneur de Chaseron .... iii^c l.
A Blanchefort [4] .... iii^c l. t.
A monseigneur de Lynières [5] .... v^c ls.
Au jeune Morète .... iii^c l. t.
Au gouverneur de Merle [6] .... iii^c l. t.
A monseigneur de Reddeval, picart .... iii^c l.
A René Coquelin .... iii^c l.

Somme .... iii^m ii^c l.

A messire Joaquin [7] .... iii^c l.
A Montbrun de Languedoc .... iii^c l.
A monseigneur Dandonnes .... iii^c l.
A Mote de Bourbonnois .... iii^c l.
A messire Symonnet Fourgouze [8] .... v^c l.
A messire Nicolas son frère .... v^c l.
A monseigneur de La Queille .... m l.
A monseigneur de Monesgue .... vi^c l.
A Hicrosme de Mallebaille .... v^c l.
Au viconte de La Vallerne [9] gendre de monseigneur le mareschal de Chabannes .... v^c ls.

Somme .... iiii^m ii^c ls.

Au seigneur de Lamotte St-Jehan .... vi^c l.
A Cordebeuf .... vi^c l.

(1) Vicomte de Carentan, gentilhomme de la Chambre.

(2) Jacques du Fou.

(3) Claude Allemant, seigneur de Champs.

(4) François de Blanchefort, baron de Sainte-Sévère, chambellan ordinaire.

(5) Philibert de Beaujeu, seigneur de Linières, sénéchal d'Auvergne.

(6) Marle, arr. de Laon (Aisne).

(7) Jean-Joachim de Passano, déjà cité au chapitre XVI des dépenses.

(8) Simon Fregoso et son frère Nicolas, qui suit, sont déjà cités au chapitre XVI des dépenses.

(9) Jacques de Beaufort, marquis de Canillac, vicomte de Valernes, avait épousé Françoise de Chabannes.

A l'escuyer Merveilles [1]	//
A l'escuyer Pommereul [2], oultre IIIc l.	VIIIc l. t.
A monseigneur de Cyre du Daulphiné	//
A Philippes de Montbrun	IIIc l.
A Tertoren	IIIIc l.
A monseigneur d'Ages	IIIc l. t.
A monseigneur de St-Gérant, cappitaine	VIIc l. t.
Aux contes Hierosme et Jehan Ferme de Tréolce [3], la pension que avoit le conte Alexandre en France	IIm l. t.
Somme	Vm IXc l. t.

Dames.

A madame de Vendosme [4]	XVIIc l.
A madame la princesse de La Roche-sur-Yon [5] pour elle et ses enffans	IIIm l. t.
A madame la vicontesse de Martigue [6]	M l.
A madame de Guyse [7]	M l.
A madame de Grippon	IIIc l.
A Madame Bastine [8]	IIIc l.
A madame de Chasteauneuf	IIc XL l. t.
A la vefve feu monseigneur de La Bastye [9] qui fut en Escosse	
A Jehanne de Mauléon qui fut à la feue royne	C l. t.
Somme	VIIIm IIc XL l.

A la vefve feu Huguet d'Arboys	C l. t.
A la vefve feu Marc Anthoine Coulombe	IIIm ls.
A Perrecte qui est à la royne	VIxx l. t.
A damoiselle Jaqueline de La Borde	LX ls.
Somme	IIIm IIc IIIIxx ls.

(1) Jean Albert Maraviglia, écuyer d'écurie, déjà inscrit pour une pension.

(2) Robert de Pommereul, premier écuyer d'écurie.

(3) Jérôme Trivulce, capitaine de gendarmes, sénateur de Milan, mort en 1524. — Jean-Firme, son neveu, sénateur de Milan, mort en 1556. — Alexandre, frère de Jérôme, capitaine de cavalerie française, mort en 1521.

(4) Marie de Luxembourg, femme de François de Bourbon, morte en 1546.

(5) Louise de Bourbon, comtesse de Montpensier, femme de Louis Ier de Bourbon, morte en 1561.

(6) Louise de Savoie, femme de François Ier de Luxembourg, vicomte de Martigues, morte en 1530.

(7) Antoinette de Bourbon, femme de Claude de Lorraine, morte en 1583.

(8) Baptine de Larca, déjà citée au chapitre III des dépenses.

(9) Olivier de La Vernade, seigneur de La Bastie, chargé de plusieurs ambassades en Angleterre, de 1519 à 1521.

Au lieutenant de Thérouenne.................... IIIᶜ l.
Au frère de monseigneur de Pontderémy [1].......... //
A Conflans............................... IIᶜ XL l.
A Pierre Faveau homme d'armes blessé............. VIˣˣ ls.
Au Bastard de Roien [2]......................... IIᶜ l. t.
A Dordet de La Roque [3] capitaine de Vennes.......... IIᶜ XL l.
A monseigneur de Dampierre qui fut mᵉ d'hostel....... IIIᶜ l. t.
Au seigneur du Mesnil qui fut mᵉ d'hostel........... IIIᶜ l. t.
A Jehan de Lugny [4] bailly de Chaalons............. IIIᶜ l. t.
A Tassennes qui fut lieutenant de monseigneur le prince de Talmont................................ IIIᶜ l. t.

Somme................................ IIᵐ VIᶜ l. t.

A Spinole [5], génevoys, mᵉ d'hostel................ IIIᶜ l.
Au Maupas............................... IIIᶜ l.
Au filz du mᵉ d'hostel Gamaches.................. IIIᶜ l. t.
A François Layeul d'Ast......................... IIᶜ XL l.
A messire Jehan de Bournonville [6]................ IIᶜ XL l.
A Loys de Rabondanges [7]....................... IIIᶜ l.
A Bernard de Camican.......................... IIIᶜ ls.
A Albert d'Albysse, dict Bosseron................. IIIᶜ l. t.
A monseigneur de Laguyerche.................... IIIᶜ l.
A monseigneur de Beaujeu de Prouvence........... IIᶜ XL l.

Somme................................ IIIᵐ IIᶜ XX l. t.

A monseigneur de Sᵗ-Jullian [8] de Prouvence.......... IIIᶜ l. t.
A Anthoine de Cyre qui fut à monseigneur de Longueville................................ IIIᶜ l.
A monseigneur de Hecquelebec [9]................... IIIᶜ l.
A monseigneur de Varennes de Picardye............ IIIᶜ l.
A monseigneur de Lygnon de Picardye.............. IIIᶜ ls.
A monseigneur de Marsilly....................... VIᶜ l. t.
Au capitaine Bastian qui fut à monseigneur de Rieulx... IIIᶜ l. t.

(1) Jean de Créquy, seigneur de Canaples, gouverneur de Montreuil, bailli d'Amiens.

(2) Peut-être s'agit-il du Bâtard de Rouen. Le nom est difficile à lire.

(3) Odet de La Roque, seigneur d'Estuer.

(4) Seigneur de Ruffey, bailli et maître des foires de Chalon-sur-Saône.

(5) Lanfranc Spinola.

(6) Jean de Bournonville, seigneur d'Ovringhen, homme d'armes de la compagnie d'Oudart Du Biez.

(7) Louis, seigneur de Rabodanges, capitaine de Meulan.

(8) Jean de Piolenc, seigneur de Saint-Julien.

(9) Capitaine du Crotoy.

A monseigneur de Montosyé St-More [1]	vc l.
Au bailly de Charolloys [2]	vc l.
A Tristan de Beaumont de Navarre	vic l. t.
Somme	iiim vc l. t.
A monseigneur de Boisrenne [3]	vic l. t.
A Jouachin de La Chastre [4]	iiic l.
A monseigneur du Fou de Bretaigne	iiic l. t.
Au lieutenant du cappitaine de Brestz	lx l. t.
A Motay	iic l.
A Artaigue de Sonasse	iiiic l.
A Renault Grenier et Arthus Avril, par moictyé	iiiixx x l.
A Glaude Maignac	vc l.
A Loys de Morterolz	iiiic l.
A monseigneur de Cardilhac [5]	iiiic l.
Somme	iiim iiiic l.
A Lanquais	iiiic l.
A monseigneur de Fontenay [6]	iic xl l. t.
A Montpesat, ou lieu de Blaru [7]	iic xl l. t.
A monseigneur d'Anglure [8]	iic xl l. t.
Au Bastard de Breszé	iiiic l.
A Clérecy [9]	iic xl l.
A Marboue	iic xl l.
A messire Guy d'Archères de Guyvauldan	iiiic l. t.
A Beaufort	iiiic l.
A La Rochechandry [10] dit le duc	iiiic l.
Somme	iiim iic l. t.
A monseigneur de Manthomme qui fut lieutenant de monseigneur de Longueville	iiiic l.

(1) Guy de Sainte-Maure, seigneur de Montausier, mort en 1569.

(2) Claude de Salins, seigneur de Vincelles.

(3) René de Puiguyon, seigneur de Bois-René, capitaine de Cherbourg, sénéchal d'Agenais.

(4) Joachim de La Châtre, seigneur de Nançay, capitaine des gardes, gouverneur de Gien, mort en 1546. Il était fils de Gabriel de La Châtre.

(5) Antoine de Cardilhac, seigneur de Saint-Cyr.

(6) Peut-être Guillaume Prudhomme, seigneur de Fontenay-Trésigny, général des finances et receveur général de Normandie, trésorier de l'Epargne.

(7) Arr. de Mantes (Seine-et-Oise).

(8) René d'Anglure, vicomte d'Etoges, mort en 1529.

(9) Charles de Clercy.

(10) Antoine de La Rochandry, seigneur de Vernon, capitaine de Pont-Audemer.

A Guillaume de Loyon	VIII^xx l. t.
A Jehan de Paris	VII^xx l. t.
A monseigneur de Bellenave	IIII^c l. t.
A Allabre Prévost	IIII^c l.
Au Bastard du Lieige	III^c l.
A Jehan Bertran	III^c l.
Au capdet de Duras [1]	III^c l.
Au viconte de Fantal	II^c l.
Au viconte de Reddes	II^c L l.
Somme	II^m IX^c L l. t.
Au cappitaine Léonard de Romulo [2], italian	IIII^c l.
A Françoys de Cossins qui fut à Boulougne	IIII^c l.
A monseigneur de Soye, gendre de feu monseigneur Bussy d'Amboyse	IIII^c l.
A monseigneur de Ker de Bretaigne	III^c XL l.
A Jehan Lespervier	IIII^c l. t.
A Jehan de Guémadet	II^c l.
A Jehan de Carmeau	III^c l.
A Bertrand Trac	II^c l.
A Guyon Le Moyne	LX l.
A monseigneur de Faurnet	II^c l.
Somme	II^m IX^c l. t.
A monseigneur d'Espynay [3]	III^c l.
A Thaneguy Madet	IIII^c l.
A Roziers	II^c XL l.
A Treiec	VI^xx l.
A mônseigneur de Carné [4]	III^c l.
A monseigneur de Boysmon	III^c l.
A monseigneur de Juch	III^c l.
A Françoys Perrin [5] homme d'armes aveugle	IIII^xx X l.
Au chevalier du guet à Paris	II^c l.
Au seigneur de Baugy [6]	III^c l.
Somme	II^m V^c L l. t.
A La Houssaye	III^c l.
A St Marcel	II^c ls.

(1) Jean de Durfort, frère cadet de François de Durfort, seigneur de Duras.
(2) Gentilhomme italien, qui fut chargé d'une mission à Montferrat.
(3) Charles d'Epinay, seigneur de Saint-Michel-sur-Loire et d'Ussé.
(4) Tristan de Carné.
(5) De la compagnie du marquis de Montferrat.
(6) Jaques de Venisse, seigneur de Baugy.

A Françoys d'Ambre[1] . . . . iiic ls.
A Philippes de Créquy[2] . . . . iiic l.
A Claude de Varey[3] . . . . iiic l.
A Loys Braynier . . . . iic l.
A Brézont de Bretaigne . . . . iic l.
Au seigneur de Beaumont d'Arle[4] . . . . iiiic l.
A son filz . . . . iiic l.
Au baron de Lisle . . . . iiiic l. t
A Gracian de Luz . . . . iiiic l.
Somme . . . . iiim iiic l.

A Jehan de Beschet . . . . vixx l.
Au capitaine de Montigny[5] . . . . iiiic l.
A Loys Disque . . . . iiic l.
A monseigneur de Gauvais de La Balue[6] . . . . iiic l.
A Françoys de Dye, frère de Françoys de Dye . . . . iiiic l.
A Regnault d'Angennes[7] seigneur de La Louppe . . . . vixx l.
A Françoys de Dye, iiiic l. et deux cens livres de creue, cy . . . vic l. t.
Au séneschal de Comminge . . . . iiiic l.
Au commandant Morette[8] . . . . vc l.
A monseigneur de Velin de Savoye . . . . vic l. t.
Somme . . . . iiim viic xl l.

A Charles de Lasalle, eschançon de la royne . . . . iiic l.
A Callieiges me d'hostel de lad. dame . . . . iiiic l.
Au seigneur de Lapényssière . . . . iic l. t.
A Jehan Françoys d'Almaigne présenté par l'Ambassadeur de Venise . . . . iic xl l. t.
A Jehan Cassinet, dict Carnéan, qui estoict des bendes . . . . . . vc l. t.
Au petit chantre nommé Loys Lombart pour l'entretenir aux escolles . . . . iiiixx l.
A Myraulmont, au lieu de Lisle de Lindrette . . . . iic l.
A me Charles Guygnart . . . . iiiic l. t.
Somme . . . . iim iiic xx l. t.

[1] François de Voisins, seigneur d'Ambres.

[2] Seigneur de Bernieulles, gouverneur de Thérouanne.

[3] Panetier de la reine Claude.

[4] Pierre d'Arles, seigneur de Beaumont, receveur général de Provence.

[5] Saladin d'Anglure, capitaine de Montigny-le-roi, arr. de Langres (Haute-Marne).

[6] Jean de La Balue, seigneur de Gouais, lieutenant du prévôt de Paris.

[7] Reynaud d'Angennes, seigneur de La Loupe, gentilhomme de l'Hôtel.

[8] Peut-être Charles du Solier, seigneur de Morette.

A mᵉ Françoys Charbonnier[1] .... IIᶜ XL l.
A Raoul Du Boys, ou lieu de Sainct-Donacien porte-enseigne de monseigneur de Chasteaubriant .... IIIᶜ l.
A monseigneur de Maubec .... Vᶜ l. t.
Au filz de feu monseigneur d'Aumont .... IIIIᶜ l.
Au bailly de Labour[2] .... IIᶜ l.
A Françoys de Carné .... IIᶜ l. t.
A Guyon le garennier dict La Mothe .... C l. t.
Au concierge de Lesterny .... VIˣˣ l.
A Bastian de Véchais lieutenant de Pont .... L l. t.
A Pierre de Quénelée .... C l. t.
Somme .... IIᵐ IIᶜ X l. t.

A Charles d'Artraigne .... IIᶜ l.
A l'escuyer Murat .... C l.
A monseigneur de Mypont .... LX l.
A Jaques Marchant .... XXV l.
Au veau (?) de Bournonville .... IIIᶜ l.
A Anthoine Riz .... XXX l. t.
A Colin Cole .... XXX l. t.
A Paule Crose qui a advitaillé Godefri .... LX l. t.
A Christofle l'esclavon .... XXX l.
A Ponthus joueur de hache .... LX l. t.
Somme .... VIIIᶜ IIIIˣˣ XV l.

A Jaques Le Roy de Normandye .... L l. t.
A Bertrand David de Bretaigne .... LX l.
A Renault seigneur de Villeneuve .... VIˣˣ l.
Au trésorier des mortes-payes de Bretaigne .... IIIᶜ l.
A Pierre Regnault seigneur d'Iriac .... IIIᶜ l.
Au trésorier de l'espargne de Bretaigne .... IIIᶜ LX l. t.
A Françoys de Pompadour[3] .... IIᶜ XL l.
A Loys de Mortemar[4] .... IIᶜ XL l.
A Jehan de Saincte-More[5] filz de la femme de monseigneur de Précy .... IIᶜ XL l.
Somme .... XVᶜ L l. t.

[1] Vicomte d'Arques, trésorier des offrandes et aumônes.

[2] Jean de Chicon, seigneur de Saint-Pé.

[3] François, seigneur de Pompadour, 1490-1534.

[4] Louis de Rochechouart de Mortemart, seigneur de Montpipeau, mort en 1566.

[5] Jean de Sainte-Maure, comte de Nesle et de Joigny, fils d'Adrien de Sainte-Maure et de Charlotte de Chalon, remariée à François d'Allègre, seigneur de Précy.

Au filz de monseigneur de Dampierre	II^c XL l.
A Philippes Leclerc filz de Loyse Chenue	II^c XL l. t.
Au filz de Françoys du Brueil	II^c XL l.
A monseigneur d'Estelan	II^c XL l.
Au filz de monseigneur de Bussy de Bourgongne	II^c XL l.
Au filz de monseigneur de Vaten (1)	II^c XL l.
A monseigneur de Montcavrel (2)	II^c XL l.
A filz messire Francisque de Trévolz (3)	II^c XL l.
Au seigneur de Montagu	II^c XL l.
Au jeune Rochebaron	II^c XL ls.
Somme	II^m III^c l. t.
A monseigneur de Villequier (4)	II^c XL l.
A Chasteauneuf	II^c XL l.
A Brantboys	II^c XL l.
A Boysdilliers (5)	II^c XL l.
A St-Symon	II^c XL l.
Au filz de monseigneur de Lucé	II^c XL l.
Au filz du bailly d'Amyens	II^c XL l.
A Arpageon	II^c XL l.
A Montdragon (6)	II^c XL l.
Somme	II^m III^c l.
A Mortemar (7) l'aisné	II^c XL l.
A Françoys de Losun (8)	II^c XL l.
Au filz de monseigneur de Grignaulx	II^c XL l.
Au seigneur de Montejehan (9)	II^c XL l. t.
A monseigneur de Martignen	II^c XL l.
A messire Jehan d'Apremont (10) seigneur de Burancy	VI^c l.
A Claude de Montmorancy (11)	II^c XL l. t.

(1) Vincent, fils de Pierre Du Puy, seigneur de Vatan.

(2) Nicolas de Monchy, seigneur de Montcavrel.

(3) Jean-Jacques Trivulce, marquis de Vigevano, mort en 1567.

(4) Baptiste de Villequier, gentilhomme de la Chambre, lieutenant des cent gentilshommes de l'Hôtel.

(5) Amaury du Bec, seigneur du Bois-d'Illiers, gentilhomme de la fauconnerie.

(6) Amaury de Montdragon, mort vers 1541.

(7) François de Rochechouart, baron de Mortemart.

(8) François de Caumont, vicomte de Lauzun.

(9) René de Montejehan, maréchal de France, gouverneur de Piémont, mort en 1538.

(10) Jean d'Apremont, seigneur de Buzancy.

(11) Claude de Montmorency, seigneur de Fosseux, maître d'hôtel du roi, mort en 1546.

A Huguenille........................... II^c XL l.
A Picardye hérault d'armes.................... LX l. t.
A Jaques de Harecourt[1] .... CL l. t.

Somme................................ II^m IIII^c IIII^{xx} X l. t.

A Arthus de Montbrun[2]........................ II^c l.
Au Bastard de Dunoys........................ IIII^c l.
A Adrian de Croix[3]......................... II^c l.
A Françoys de Montfarcan[4] nepveu de monseigneur de Lozanne........................... IIII^c l.
A monseigneur de Bressieu du Daulphiné............ III^c l.
Au seigneur de Buzançoys....................... II^c XL l.
A Jehân de Lespinay[5] trésorier de Bretaigne, pour les vieulx officiers des duc et duchesse............... II^m VII^c LX l. t.
A Alain de Tours[6], pour la garde des harnois et hallecretz de Nantes........................... LX l. t.
A cellui qui garde les picques..................... LX l. t.

Somme................................ IIII^m VI^c XX l. t.

A monseigneur de Boncourt de Bretaigne............ XL l.
Au cappitaine de Muys........................ L l. t.
A l'armurier de Bloys Brestz.................... LX l. t.
A Olivier Le Mercier.......................... VI^{xx} l.
A XXIII archers qui sont mys hors de la garde, à chacun LX t., qui sont cy........................... XIII^c IIII^{xx} l.
A Bertrand Gontard secrétaire de feu monseigneur d'Angoulesme[7].............................. III^c l.
A Arthuze de La Barre........................ LX l.
A Montjoye roy d'armes....................... III^c l. t.

Somme................................ II^m IIII^c XXX l.

A troys héraulx Champaigne, Normandye et Guyenne ... V^c XL l.
A Daulphin hérault........................... VI^{xx} l.

(1) Jacques, fils de Jean d'Harcourt, baron de Bonestable.

(2) Artus de Montberon, un des cent gentilshommes de l'Hôtel.

(3) Il semble qu'il s'agit ici d'Adrien de Croy, comte de Roeulx, seigneur de Beaurain, premier gentilhomme de la Chambre de Charles-Quint, déjà cité, bien que la pension soit médiocre pour un tel personnage.

(4) Corriger . Montfaucon.

(5) Jean, seigueur de Lespinay et de Trémar, trésorier, receveur général de Bretagne.

(6) Dit Jacquemin.

(7) Charles d'Orléans, comte d'Angoulême, père de François Ier, mort en 1496.

A Angoulesme hérault.......... vi^{xx} l.
Au maire de Dijon.......... c l.
A monseigneur de Talmer.......... ii^{c} l.
A Jehan Renard.......... lx l.
A Robert Maillou[1] capitaine de Tallan.......... ii^{c} l.
A Jehan Mongin.......... xl l. t.
A monseigneur d'Anvilliers.......... c l.
A messire Odet Chazerat.......... vi^{xx} l. t.
Somme.......... xvi^{c} l. t.

A monseigneur de Luz.......... c l.
A monseigneur du Fay.......... c l.
Au maire d'Auxonne[2].......... l l t.
Au maire de Beaulne.......... l l. t.
A Erart seigneur d'Aulbigny.......... lx l. t.
Au concierge de la maison de Dijon[3].......... xxx l. t.
A Guyot d'Alyncourt, dit Régnart.......... vi^{xx} l.
A Jehan Roussel de Picardye.......... vi^{xx} l.
A monseigneur de Sénartpont.......... iii^{c} l.
A Porrus de Laulnoy.......... ii^{c} l l.
A messire Pierre de Bellefourrière[4].......... iiii^{c} l.
Somme.......... xv^{c} iiii^{xx} l.

A monseigneur de Neufville[5].......... v^{c} l. t.
A monseigneur de Longueval[6].......... iii^{c} l. t.
A monseigneur de Luppé.......... iiii^{c} l.
Aux viefz officiers du feu roy Loys unziesme.......... iii^{c} lviii l. x s. t.
Aux officiers de la feue royne Charlotte[7].......... viii^{xx} xvi l.
Aux vielz officiers du feu roy Charles derrenier décéddé.......... xviii^{c} xxx l.
Aux viefz escossoys mys en pension.......... xii^{c} l.
Aux archers de la bende de monseigneur de Crossol, pension.......... m l.
Aux archers de la bende de monseigneur de Nançay.......... m l.
Somme.......... v^{m} iii^{c} lxiii l. t.

[1] Robert de Maillot.

[2] Perrinet Camus.

[3] Il s'agit de l'hôtel du roi, à Dijon.

[4] Maître d'hôtel du roi.

[5] Nicolas de Neuville, seigneur de Villeroy, secrétaire des finances, trésorier d'Outre-Seine.

[6] Nicolas Bossut, seigneur de Longueval, maître d'hôtel, bailli de Vermandois, lieutenant du roi en Champagne.

[7] Charlotte de Savoie, femme de Louis XI, morte en 1483.

Aux archers de la bende de monseigneur de Chavegny...	M l.
A Conrard chantre...........................	II^c l. t.
A m^e Paulus Esmilius[1] cronicqueur................	III^c l.
A Pierre Guénault...........................	VI^xx l.
A monseigneur de Herbault[2].....................	VI^xx l. t.
Pour l'entretènement de l'université de Montpellier......	V^c l. t.
A monseigneur de Goyon.........................	VI^xx l.
Au chevalier d'Andréa[3].........................	II^c l.
A Ybault Ryvoyère...........................	VI^c l.
A Jehan de Lenoncourt[4].......................	II^c l. t.
Somme....................................	III^m III^c LX l.
Aux troys vielz chevaucheurs de l'escuyrye du roy......	IX^xx l. t.
A monseigneur de Latour de Rinier[5] faulconnier......	II^c l. t.
A Guyot de Lavallée du pays d'Angoulmoys...........	II^c l.
A troys personnaiges de Dijon, qui furent ostages en Suysse[6]................................	CL l. t.
Au capitaine des nobles de Caux..................	II^c l. t.
A monseigneur de Bénejan de Languedoc............	II^c l.
A monseigneur de Chabannes de Prouvence...........	LX l.
A Nicolas Régnault Allain.......................	LX l.
Au prévost des mareschaulx de Bourgongne...........	VI^xx l. t.
Somme....................................	XIII^c IIII^xx l. t.
A Prévost de Darqs...........................	VI^xx l.
A Cole de Vye..............................	VI^xx l.
A monseigneur de Chaseran, pour le bailliage de Montferrant................................	II^c LXV l.
A Guillaume de Maretz seigneur de Metz.............	II^c l. t.
A deux docteurs ytaliens lisans à Vallance ou Daulphiné[7].	VIII^c l. t.
A monseigneur de Peniers de Provence..............	II^c l. t.

[1] Italien, originaire de Vérone, chanoine de Notre-Dame de Paris, auteur d'une histoire intitulée : *De rebus gestis Francorum usque ad annum 1488, libri X*, qui eut de nombreux continuateurs, mort en 1529.

[2] Nicolas Foyal, seigneur d'Herbault, gouverneur de Romorantin.

[3] André d'Andréa, capitaine de 500 hommes de pied.

[4] Seigneur de Loches, bailli de Bar-sur-Seine.

[5] Lancelot du Régnier, seigneur de La Tour-Régnier, gentilhomme de la fauconnerie.

[6] Ce sont Jean Noé, Philibert Godran et Bénigne Serre, emmenés comme otages par les Suisses en 1513, après le siège de Dijon, en garantie du traité soumis à l'approbation du roi.

[7] Université de Valence, créée par Louis XI pour l'enseignement du droit civil et du droit canonique.

A Calvy génevois, récompence . . . . II^c l.
A Pierre de Navailles qui fut des gentilzhommes, blessé. . VI^xx l. t.
A Félix de Beauchastel aulmosnier. . . . . II^c l. t.
Somme. . . . . II^m II^c XXV l.

A Guillaume Naysy [1]. . . . . III^c l. t.
A monseigneur d'Entrecasteau de Prouvence. . . . . II^c l.
A Thomas Lan mareschal des logis de monseigneur d'Alençon. . . . . LX l. t.
A monseigneur d'Urphé [2] actandant place en l'escuyrie. . III^c l.
Aux officiers de Plessis [3]. . . . . III^c XL l.
A Pierre d'Aussemont. . . . . II^c XL l.
Au Bastard de Chavigny [4]. . . . . III^c l. t.
A Bigny. . . . . III^c l. t.
Somme. . . . . III^m II^c IIII^xx l. t.

A Bacle commissaire. . . . . III^c l.
A monseigneur de Méry. . . . . II^c XL l.
A Longuemare. . . . . C l.
Mort. A Sainct-Liger, qui est à Madame. . . . . II^c l. t.
A Chevalier de Rancoulle. . . . . II^c XL l.

Autres partyes nouvellement apportées de Normandye, qui n'ont point esté en l'estat.

A messire César de Tréolce [5] évesque de Cosme, nepveu de monseigneur le cardinal de Cosme, la pension que avoict monseigneur l'évesque de Playsance, qui depuis fut baillée à monseigneur le cardinal.
Somme. . . . . IX^c IIII^xx ls.

Monseigneur de Clère [6] Normandye. . . . . VI^c l. t.
Monseigneur de Canteleu [7]. . . . . III^c l.
Monseigneur de Bloceville. . . . . III^c l.
Monseigneur de Fontaines de Harcourt [8]. . . . . V^c l.

[1] Guillaume Nazi, banquier florentin établi à Lyon.

[2] Claude d'Urfé, bailli de Forez.

[3] Plessis-lès-Tours.

[4] Charles, bâtard de Chauvigny, seigneur de Murat.

[5] César Trivulce, frère de Jean Firme, cité plus haut, évêque de Côme de 1519 à 1548, mort en 1548. — Son oncle, Scaramouche Trivulce, cardinal, évêque de Côme puis de Plaisance, mort en 1527. — Antoine Trivulce, frère de ce dernier, successivement évêque d'Asti, de Plaisance et de Côme. — La pension passa ainsi d'Antoine à Scaramouche, puis à César.

[6] Georges de Clères.

[7] Jacques d'Auberville, baron de Canteleu.

[8] Jean d'Harcourt, seigneur de Fontaine-le-Henry, capitaine général du bailliage de Caen.

Monseigneur de Sarainces........................ v° l.
Monseigneur de Clercy [1] VIII^xx pour luy parfaire III° l.... VIII^xx l. t.

Cappitaines de gens de pié de Normandye.

Le seigneur de Vannendoin cappitaine de gens de pyé... II° l.
Le seigneur de Chantelou........................ II° l.
Somme.................................... II^m IX° LX l. t.

Le seigneur d'Esnoville........................ II° l. t.
Le seigneur de Sainct-Aulbin des Mares.............. II° l. t.
Le seigneur de Gonceville........................ II° l. t,
Guillaume de Ponches seigneur de Gauchi............ II° l. t.
Jaques de Hédetot seigneur d'Aubière................ II° l. t.
Le seigneur de Malleterre........................ II° l. t.
Le seigneur de Tornebye........................ II° l. t.
Le Bastard de Dangu........................ II° l.
Le seigneur de Tordouet........................ II° l.
Le seigneur de Guychinville........................ II° l.
Le seigneur de Lespernanche........................ II° l. t.
Somme.................................... II^m II° l.

Le prince de Breszé [2] seigneur de Faugrenon oultre II° XL l. qu'il a en pension II° LX l. t. cy.................. II° LX l.
Le seigneur de Bléville [3]........................ II° l. t.
Le seigneur de l'Espinay........................ II° l.
Le seigneur de Merville........................ II° l.
Le seigneur de Sainct-Germain Langot.............. II° l.
Le seigneur de Goberville Picot.................. II° l.
Le seigneur de Sainct-Germain-le-Viconte............ II° l.
Le seigneur de Nicorp........................ II° l.
Le seigneur de Tachet........................ II° l.
Le Bastard de Fay [4] ou lieu de La Tour-du-Pin........ III° l. t.
Somme.................................... II^m CLX l. t.

A Galéas Fleurimont de Sexe........................ v° l. t.
A Nicolas de Sainct-Martin........................ III° l. t.

(1) Charles de Clercy, déjà inscrit plus haut pour une pension de 240 l.

(2) Gaston de Brézé, maréchal héréditaire de Normandie, avait épousé Marie de Cerisai, dame de Fauquernon.

(3) Jean Toustain, seigneur de Bléville.

(4) Jean, bâtard du Fay. — Cette mention fait double emploi avec celle du chapitre XVI des dépenses.

A Adrian de Pisseleu de Fontaines[1], en la place feu Jehan de Bournonville.	ii^{c} xl l.
Au petit Candalle[2], pension	"
A Beaumont qui est lieutenant de monseigneur de Prye, oultre iii^{c} l. qu'il a de pension, creue de vi^{c} l. pour l'année qui vient[3].	vi^{c} l. t.
Au conte Volf[4], oultre xii^{c} l qu'il a de pension, creue nouvellement commandée	viii^{c} l.
Au bailly de Chaallon.	iii^{c} l.
A monseigneur de Villearnoul.	ii^{c} l.
A monseigneur de Beauchamp[5] bailly d'Ostun.	iii^{c} l.
Somme	iii^{m} iii^{c} xl l. t.
A monseigneur de La Mothe Jaqueron[6].	ii^{c} l. t.
A monseigneur de Torcy[7] lieutenant de monseigneur de Vendosme.	m l. t.
Somme.	xii^{c} l. t.
Somme des pensions depuys le premier estat signé.	"

Fait à St-Germain-en-Laye, le (*en blanc*) jour de (*en blanc*) l'an mil cinq cens vingt troys.

Le roy a signé le second estat des pensions, et n'y a point de fons pour les appoincter aud. estat général.

Somme.	ii^{c} xxxiiii^{m} viii^{c} xxxiii l.
Recepte des pensions	viii^{c} iiii^{xx} xiii^{m} iii^{c} iiii^{xx} xiii l.

(1) Seigneur de Heilly et Fontaine-Lavagan, bailli et gouverneur de Hesdin, gouverneur de Maubeuge, mort en 1558.

(2) Alain de Foix-Candale, vicomte de Castillon.

(3) Cette pension figure à l'état F.

(4) *Idem.*

(5) Déjà cité au chapitre III des dépenses.

(6) Etienne Jacqueron, seigneur de La Mothe d'Argilly, maitre des comptes à Dijon, déjà cité aux chapitres III et XVI des dépenses.

(7) Jean de Torcy, seigneur du Deffend et de Vincy, lieutenant du maréchal de Chabannes et du duc de Vendôme.

www.ingramcontent.com/pod-product-compliance
Lightning Source LLC
LaVergne TN
LVHW012202040326
832903LV00003B/70
* 9 7 8 1 0 1 9 6 2 4 3 9 5 *